族群记忆与审美观照

冯丽荣 著

西南交通大学出版社
·成 都·

图书在版编目（CIP）数据

族群记忆与审美观照 / 冯丽荣著. —成都：西南交通大学出版社，2018.7
ISBN 978-7-5643-6292-8

Ⅰ.①族… Ⅱ.①冯… Ⅲ.①地方文化-研究-云南 Ⅳ.①G127.74

中国版本图书馆 CIP 数据核字（2018）第 157818 号

族群记忆与审美观照	冯丽荣 著	责任编辑　左凌涛 封面设计　曹天擎

印张　13.75　字数　197千	出版发行　西南交通大学出版社
成品尺寸　165 mm×230 mm	网址　http://www.xnjdcbs.com
版次　2018年7月第1版	地址　四川省成都市二环路北一段111号 　　　西南交通大学创新大厦21楼
印次　2018年7月第1次	邮政编码　610031
印刷　四川煤田地质制图印刷厂	发行部电话　028-87600564　028-87600533
书号　ISBN 978-7-5643-6292-8	定价　79.00元

图书如有印装质量问题　本社负责退换
版权所有　盗版必究　举报电话：028-87600562

目录

坡芽探究

艺术人类学视野下的中国壮族"坡芽歌书"研究 …………………………… 2
论"坡芽歌书"中人物的视觉形象 …………………………………………… 21
从抢救保护走向活态传承的少数民族语言生态良性建构
——兼以云南壮族"坡芽歌书"为例 ………………………………………… 29
"坡芽歌书"的审美认知 ……………………………………………………… 38

审美实践

澄江帽天山古生物化石群创意作品的美育实践 …………………………… 48
继承传统文化　重视以美育人
——以湄公河次区域民族民间文化传习馆美育实践为例 ………………… 79

诗意栖居

古滇"干栏"建筑形制的美学诠释 …………………………………………… 86
文明休闲，理性审美，共建和谐美丽云南 …………………………………… 95
休闲与审美：华宁象鼻温泉的自在体验及环境保护 ……………………… 101

滇云风情

论古代文献中的蛊毒及治蛊之术
——以西南地区云南省为例 …… 114
用少数民族特性释《桃花源记》中的若干疑问 …… 123
《南蛮竹枝词》中的云南壮族风情 …… 130

民俗田野

流淌在时光里的族群记忆
——云南省楚雄州禄丰县仁兴镇西村太平会田野调查 …… 142
云南壮族的祭"竜"及其生态内涵
——以小广南村为个案 …… 147

遗民风采

明季滇遗民僧担当的文学思想 …… 162
从《缅瓦十四片》题词探寻其实录特点及不能流传的原因 …… 169
明末清初云南遗民陈佐才的人品与诗品 …… 174

文学小议

《周易·旅卦》军事信息探究 …… 188
浅析包法利夫人的悲剧根源 …… 193
"有我之境"与"无我之境"的印度佛学思想 …… 205

坡芽探究

艺术人类学视野下的中国壮族"坡芽歌书"研究

【摘　要】"坡芽歌书"由 81 幅图案组成，每幅图案代表一首音形义固定的情歌，共 81 首，726 行。歌书内容以爱情为主题，以一对青年男女的一见钟情为线索，通过两人对唱的形式，真实地反映了壮族的婚恋过程和价值取向，表达了壮族儿女勇敢地追求自由爱情和幸福生活的决心。不仅如此，歌书内容亦涵盖了壮族人民的生产、生活、宗教、审美情感等诸多层面，由此可以肯定，它源于生活而又超越生活本身。神奇美丽的"坡芽歌书"，它看着是图画，写着是文字，念着是语言，唱着是情歌，有着多重研究价值和广阔的发展空间。

【关键词】艺术人类学　壮族　坡芽歌书

　　坡芽，是一个小村子的壮语名字，在壮语中，"坡芽"意为"黄饭花盛开的地方"。它坐落在云南与广西交界的群山之中，隶属于云南省文山州富宁县剥隘镇，村子位于镇东南，距镇政府所在地有 9 公里山路。2006 年 2 月 26 日，富宁县文化产业办的刘冰山、黄炳会、黎盛根三位同志陪同几位学者到坡芽村采录壮族民歌，采录过程中，当地有一位叫农加平的歌手唱着唱着忘记歌词了，就说："等一下，我看下歌词。"接着走进屋里拿出一张画有符号图案的纸片，看了一眼说，"好了，接着唱吧！"这些奇特的符号图案和它的特殊功能立即引起了几位壮族文化工作者的注意。经询问得知这些符号图案只是他要唱的那部分歌词，完整的歌词只有同村的农凤妹及其堂弟媳农丽英两人才有，他只是抄了自己要唱的那部分。于是,他们找到了农凤妹和农丽英,见到了保存完整的画在白色土布上的81幅红色图案原件,用竹筒装着,这就是后来被专家学者定名为"中国富宁壮族'坡芽歌书'"的图载歌书。据传承人农凤妹、农丽英介绍,这是祖传下来的歌书,目前最早只能追溯到其祖母一代,再往上则无相关记录了。由于当地壮族有个习俗,去世后自己的物品要随之烧化,以便自己到另一个世界使用,因此壮族遗留下来的古文化并不多,这是迄今为止发现的唯一保存完整的图载歌书。

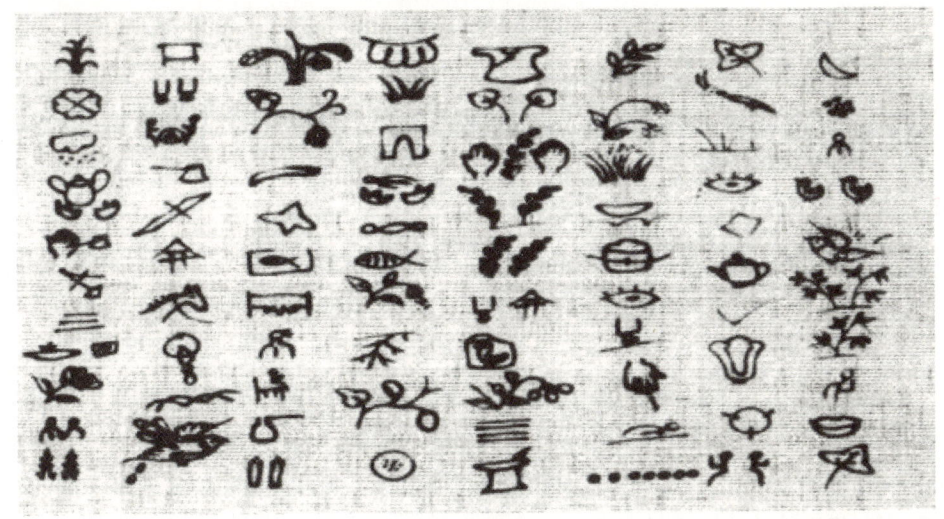

"坡芽歌书"

"坡芽歌书"记录的是一对壮族青年男女从一见钟情、反复试探、刻骨相思到白头偕老的生活场景和情感历程。"坡芽歌书"描绘了壮族男女青年谈情说爱的全过程,反映了他们炽热的情感和相互试探的智慧。阅读时,不是当前书本的从左向右,而是从右向左、自上而下。歌书以五言句式居多,四到几十句不等,每首歌是全歌书的一个有机组成部分,又可独立成篇,可采用不同的曲调来歌唱。

它的图案歌词相对固定,大部分坡芽人均能见图识歌,壮语称为"布瓦吩",即"把花纹图案画在土布上的山歌",统一译为"歌书"。目前,专家学者为之命名为"中国富宁壮族'坡芽歌书'",本书简称为"坡芽歌书"。"坡芽歌书"自发现以来,短短几年时间,迅速申报成为国家级非物质文化遗产，引起国内外学者的广泛关注和参与研究。"坡芽歌书"由女性传承人用竹签蘸上仙人掌汁在一张壮族自织土布上绘制而成，共81个图符，每个图符代表一首固定的情歌。它以其别致的结构、浓缩的表征、丰富的内涵和特殊的传承而独树一帜，是云南壮族活着的传统文化，是壮文化的源头和探究壮文化不可多得的第一手材料。"坡芽歌书"描述了壮族以歌择偶的婚恋过程，是传统壮族风俗的活化石，具有多重研究意义。

目前，在云南省富宁县坡芽村这块神奇的土地上，生息着55户壮族人家，共280人，都是农业人口，女性140人，男性140人，男女比例均衡，全村共有劳动力198人，除了一个上门女婿和三个外来媳妇外，其余皆为壮族。孩子上小学要到6公里外的者宁小学，上中学则到剥隘镇中学，目前有小学生32人，中学生6人。据村中长老介绍，坡芽村民的祖先从清朝初年就生活在此，世代以农耕狩猎为生，因地处深山，极少受外来文化的影响，民风极为淳朴，壮族文化得到良性承袭，至今仍较完整地保存着传统的对山歌、祭竜等民族风俗。这里的村民们都很淳朴，祖祖辈辈过着日出而作、日落而息的农耕生活。壮族是伴歌而生的民族，唱歌是他们劳作以外最大的娱乐，也是抒情达意的最佳媒介，他们以歌唱表达内心的情感，消磨闲暇的时光。村民中现有二十多人能识唱"坡芽歌书"，他们中唱得最好的是农凤妹和农丽英，常被邀请到本村或外村的宴席上演唱。她们用自己的心歌唱，实践和传承着本族的传统文化，使之得以不断地延伸。

"坡芽歌书"中包含了大量反映壮族的生产劳动、民族风情、饮食服饰、宗教礼仪、道德规范、婚恋情感等系列文化，为我们提供了广阔的研究空间。

一、万物有灵的农耕生活观

壮族先民在长期的生产与生活中，认为世间万物都与人一样，具有生命和灵性，应和睦友好地与之相处，只有这样，才能换来四季风调雨顺，家人健康平安，六畜兴旺，庄稼取得好收成。这种观念实质上是将自然人化了，是一种"爱生命、爱万物"的生态意识，是一种可贵的人与自然和谐相处的自然生态观，贯穿在其生产生活和祭祀等各个方面。徐复观先生曾说过一句话，他说中国文化走的是人与自然过分亲和的方向。这样走既符合我们文化的精神实质，又是我们现在处理人与自然关系时应有的态度。徐复观先生所说的这种情况在"坡芽歌书"中人与自然万物的和谐这个层面表现得尤其突出，具体表现在祭牛魂、祭稻魂等仪式中，将家畜、庄稼甚至虫子等自然万物赋予人的生命和灵性。奇特之处还在于，壮族不仅把自然万物人性化，还把人的健康与它们紧密联系在一起，甚至在一定程度上还依靠它们来主导自己的命运。

（一）祭牛魂

壮民族是历史悠久的稻作民族，很早的时候就以牛作为主要生产劳动力，千百年来对牛一直有着极强的依赖性，"坡芽歌书"中反复出现牛，如第一首《月亮》：

> 今夜明月光，月明如镜亮。
> 四下亮汪汪，命贱难求双。
> 贱如渗坝水，不如圈中牛。
> 牛戴花吃草，我漂泊忧叹。
> 忧叹哭嘘唏，如与鸡抢食。
> 鸡挑啄大米，我拣瘪谷粒。
> 人前无脸面，做人愧不如。

第二十二首《龙眼》："想摘熟龙眼，手短伸不到。伸头望树巅，年年来流连。像鸭恋水坝，像牛恋菜园，恋坝够不着，恋园进不了。恋你好为难，进退都无路，生死妹一言。"这两首歌都提到牛，牛对于壮族而言，就是一名重要的家庭成员，它直接参与家庭生产、生活，承担着最繁重的体力劳动，把自己的一生都无私奉献出来。壮族人民在物我合一自然观的影响之下，认为牛不仅有灵魂，而且还会在野外走失，他们用给耕牛戴花、祭牛魂的独特方式，来赋予牛与人类相似的灵魂，以表达对牛的喜爱和感激。不同壮族地区的牛魂节不是同一个日子，有的是农历四月初八，有的是农历六月初六，有的则在秋后举行，但祭牛魂的仪式大抵相同。到了这一天，家家户户一大早就把牛牵到河边洗得干干净净，梳理整齐，戴上鲜花，所经之路，无不受人赞颂，牛栏也被清理修饰一新。这一天里不能用牛劳动，禁止呵斥牛、打牛。同时，每家都杀鸡宰鸭，蒸五色花糯饭，再备上猪肉果品，端到牛栏前祭祀，先由麽公唱念牛的功劳：

> 老牛啊老牛，
> 一年累到头。
> 田是你来犁，
> 地是你来耕。
> 粮食堆满仓，
> 人们不能忘。
> 今天好日子，
> 给你把花戴。

祭毕，喂牛吃最好的饭菜，先让牛吃饱，认为这样牛才会身强体壮，健康平安。到了夜里，各家摆下自制米酒、煮熟的长方形五花肉一块当作刀头，米一碗、点燃香烛，果品若干，请麽公来举行招牛魂仪式。由麽公作法，派多地（传话神）到野外寻找牛魂，当牛魂被多地带回时，主人家放鞭炮（旧时放地炮三声），表示自己家的牛魂已平安归家。

（二）祭稻魂

坡芽壮族世代为稻作民族，水稻在其心目中亦是有着生命和灵魂的，而且水稻还与人的灵魂息息相关。"坡芽歌书"中第十首"谁来砍田埂？谁来拔秧苗"、第十一首"妹来砍田埂，妹来拔青秧"以及第四十二首、五十首、七十八首、八十首内容均与水稻相关。壮族在人生礼仪祭祀活动中，必须取稻米、稻穗祭祀，人们的观念是稻谷魂和人魂合二为一。"稻穗毛"壮语称"款糇",人的"灵魂"称"命款",认为人魂也是稻魂,稻谷可载人魂。每逢小孩生病,先找草药治病,若不见效,家人会去找"乜麽"做仪式。乜麽认为小孩的灵魂不附身才导致生病,要取稻穗草结扎,草结壮语称"契款"(拴魂、载魂),然后让家人将稻草结带回家里,插在神龛上或小孩睡的床头,认为魂魄重附身,病自然会好。若60岁以上的老人体衰多病,要请博麽或乜麽到家里,取稻穗、米做添寿仪式,称为添粮补寿。壮族认为稻穗、米是给人添寿增龄的"灵物"。壮族"款糇"与"命款"的观念,就是谷魂和人魂合二为一的观念。这种观念,产生于壮族稻、人同源的认识。①

(三)命树

壮族有种命树的习俗,当妇女有了身孕,家人就要在自家房屋四周种上一些树苗,(可以是杉树、椿树等,也可以是竹子,绵竹和山竹均可)精心栽培,以示胎儿和树苗同生共长,这些树就属于这个胎儿的,树木就代表该孩子的灵魂和生命,树木就是这孩子的命树。孩子出生时,接生婆就把衣胞(胎盘)埋在树下,以示树木和孩子同呼吸共命运。待到孩子长成,婚嫁时节就砍几棵树来做箱柜,盖新房时可用来做"红梁",及至年老,可用来做棺木备用等。如孩子饮食不佳、体弱患病、昼夜哭闹等,父母则要备上祭品,带孩子到命树下祭拜,祈求命树保佑孩子早日康复,消灾免难,快长快大,像大树那样长命百岁。如有必要,还要请麽公为孩子种补命树,给孩子增补更强的活力。如第五十六首《锯子》:

妹说没有夫,
上月哥见到,
这月哥巧遇。
见他院门外,
挥斧做活计。
院门尽木屑,

---

① 王明富,赵时俊."那文化":稻作民族历史文化的印记[J]. 文山师范高等专科学校学报,2009年第2期。

>晒台堆锯末。
>是椿树锯末,
>你瞒哥不过。

歌中所唱的"见他院门外,挥斧做活计。院门尽木屑,晒台堆锯末。是椿树锯末,你瞒哥不过",指的是女子已名花有主,且夫家已砍下命树,正在赶制箱柜,正在积极地准备着婚事,这其实是男方对女方的试探。

在壮族地区,锯子、斧头一类的工具都是由男人使用的,这首歌以锯子为象,引申到使用锯子之人,再引申到此人为女方丈夫。歌中的椿树,是壮族的命树,有特殊含义。

(四)扫碓窝

在桂西北和云南富宁壮族地区,基本上每家每户都有一副碓。壮族的住房除主楼外还有附房,附房多建在主楼的一侧,用作堆放柴草及安置舂米或舂粑粑的碓。这种碓不是用手舂的手碓,而是用脚踩的脚碓。在使用时一般需要两个人,一人踩碓,一人用扫把翻动碓窝里的谷物,这样不仅舂得均匀,而且速度快。通常是男性的踩碓,女的扫碓窝。壮族人的主食为大米,自古就有每天早上起来舂米的习俗,当天舂当天吃,不留隔夜粮食,所以壮族妇女十分辛苦,每天凌晨鸡一叫,主妇即起床舂米,家家户户都会响起舂米的碓声,舂好当天一家人吃的口粮即停止,然后烧火塘、烧水、做早饭,开始一天的劳作。第十一首《枫叶》唱的正是这种情景:

>正月枫叶发,
>二月枫叶绿。
>妹来缝蓝衣,
>妹来铲田埂,
>妹来拔嫩秧。
>妹清晨先起,
>妹来扫碓窝,
>妹来烧火塘,
>妹来把家当。

歌中涉及的扫碓窝，其实是壮族妇女每天必做的功课。壮族有不吃隔夜米的旧习，每天吃的米须由主妇当日早晨现舂。前人曾描述道："每日夜半鸡鸣时，家妇即起床舂米，不明而止，比户皆然。碓声隆隆，扰人清梦，而所舂者只足本日之食，次日复然，甚少间断。"①

壮族妇女凌晨舂米的现象是壮族地区特有的劳动场景，曾引发了到过壮乡的文人墨客的诗兴，清代夏治源曾写道："汲水中流负担高，贮泉新筑木槽。嫩瓢日饮长流水，进渫从无点滴叨。三番淅米好分蒸，桶釜宽边见未曾；隔宿有粮无作饭，凌晨百碓响登登。"②此诗生动地描绘了勤劳能干的壮族妇女形象，真实地记录了她们任劳任怨、辛苦劳作的情形。在其另一首诗《入槽杂咏》中亦有描绘："铁谷唇宽肚最长，分蒸不用隔宵粮。五更鸡唱邻舂动，处处家家为口忙。"③把壮族不吃隔夜粮，主妇每天凌晨鸡鸣即起舂米扫碓窝的情形真实地记录下来。主妇每天舂好当天一家人吃的口粮即停止，当天舂当天吃，不留隔夜粮食，所以每天凌晨鸡一叫，家家户户都会响起舂米的碓声。

舂米后清扫碓窝也是每日的必修课：

> 正月枫叶发，
> 二月枫叶绿。
> 妹来缝蓝衣，
> 妹来铲田埂，
> 妹来拔嫩秧。
> 妹清晨先起，
> 妹来扫碓窝，
> 妹来烧火塘，
> 妹来把家当。

---

① 转引自杨宗亮. 壮族文化史[M]. 昆明：云南民族出版社，1999年版，第211页。
② （清）管轮纂修. 中国地方志丛书. 云南省师宗州志[Z]. 台北：成文出版社，民国六十三年版，第97页。
③ 同上，第201页。

这里列举了农忙时节坡芽女性的农耕生活场景：缝蓝衣、铲田埂、拔嫩秧。壮族妇女与男性一起参与田间劳作，在男性耕田犁地时，她们的工作是铲田埂、拔秧苗、除杂草等，除了参与生产劳动之外，壮族女性还承担繁重的家务，劳动完回到家中，就一刻不停歇地挑水做饭，喂养猪鸡，浆洗衣物。晚上则要纺纱织布，缝制全家老少的衣服被褥。天不亮就得起床舂米，舂够一家人当天吃的，然后烧火塘、烧水、做早饭，开始一天的劳作。

壮族人的主食为大米，自古就有每天早上起来舂米的习俗，"民间获禾，取禾茎蒿连穗收之，谓之清冷禾。屋角为大木槽，称为碓，取禾舂于槽中，其声如僧寺之木鱼，女伴以意运杵成音韵，名曰舂堂。每旦及日昃则舂堂之声四闻可听"①。故歌中唱的扫碓窝、烧火塘、把家当，描绘的是一个勤劳女性的动人形象，我们似乎能看到她们辛勤劳作、日夜操劳的每一个场景。广南府亦有舂堂，"以浑木刳为槽，一槽两边约排十杵，男女间立，以舂稻粮。敲磕槽舷，皆有遍拍，槽声若鼓，闻于数里。虽思妇之巧亮秋砧，不能比其浏亮也"。②可以看出，此时的广南府，舂米已不是主妇一个人舂了，而是十来个人。舂米也不是女性的专业了，而是男女都有。所使用的碓也不是家里的小碓窝，而是大木槽，十来人一起舂，声音响亮，闻声数里。说明已不再靠主妇天不亮一个人起来舂米，也不再是每次只舂一天粮了。此习俗已成为历史，今天，壮族不吃隔夜粮的习俗已不复存在，家家户户都会在碾米时碾足够多的粮食存放着，够全家人吃上几个月。

二、异彩纷呈的婚恋情感观

"坡芽歌书"描绘了壮族男女青年谈情说爱的全过程，反映了他们炽

---

① （宋）周去非撰，张智主编. 风土志丛刊. 岭外代答[Z]. 扬州：广陵书社，2003年版，第132页.
② （唐）刘恂著，鲁迅校勘. 岭表录异[M]. 广州：广东人民出版社，1983年版，第8页.

热的情感和相互试探的智慧。歌书以五言句式居多，四到几十句不等，每首歌是全歌书的一个有机组成部分，又可独立成篇，可采用不同的曲调来歌唱。歌书中随处可见壮族儿女对婚恋情感的诉说抒发，此处列举几例：

（一）断斧柄

壮族是一个歌伴人生的民族，无论是情感生活还是劳动生产，都用歌声来传情达意，"坡芽歌书"就是在壮族歌谣的土壤中破土而出的一朵奇葩。它不仅有一定的数量，有系统性，且在思想性和艺术性上都达到了相当的高度，在抒发情感表情达意时离不开生产生活用具，极富情趣，体现了壮族人民丰富的情感和精神生活，在民族艺术的百花园里绽放异彩。如第六十四首《斧头》：

> 赌你就赌你，
> 你砍断扁担，
> 你劈断斧柄，
> 你先休原夫！
> 明后天你休，
> 明后天娶你，
> 不用挑吉日！

（二）砍扁担

扁担对于壮族来说，除随身携带挑柴担草、挑水担粮的日常功效外，它还有着非同寻常的含义。过去壮族青年在交往定情时，往往会在扁担两头雕刻龙或凤的图案，如女方送男方则雕上凤，如男方送女方则雕上龙，寓意男似飞天青龙，女似九天彩凤。扁担的中间刻上情歌或八卦图，意为情深意长或阴阳和谐。壮族常把这根扁担作为最最重要的礼品，摆放在自己的床头，见证双方的坚贞爱情，如第六十五首《砍扁担》：

> 赌你就赌你，
> 砍挑水扁担，

> 砍挑草尖担,
> 抛弃你发妻!
> 明后天抛弃,
> 明后天嫁你,
> 不用挑吉日!

仅从标题上看,我们会以为这两首歌唱的是日常生产劳动时的行为动作,但内容实际上是男女双方在玩打赌游戏。扁担、斧头为壮族常用劳动工具,时常不离身,他们通常用砍扁担、断斧柄来表示两人决裂,此处双方打赌,亦为此意,与我们从标题上猜测之意有较大的偏差。

(三) 不落夫家

壮族婚后女方不在夫家居住,每月女方最多去男方家一趟,织一次布,直至怀了孩子才正式住进男方家里,明显带承袭古壮族对偶婚的遗风。婚礼完毕,新娘在伴娘的陪同下在夫家或夫家的邻居家过一夜,但不与新郎同居。第二天第一遍鸡叫,新娘即起身给夫家挑一两担水,做好早饭,于拂晓前便随伴娘悄然返回娘家长住,这种习俗当地称为"不坐家"或"不落夫家"。"坡芽歌书"第七十七首《三趟》描绘的就是这种情形:

> 若得哥为夫,每月去三趟。
> 月织一匹布,不让你穿旧。
> 穿细布下田,穿粗布下地,
> 穿壮锦赶圩,你是否称意?

图符上画的是三条横线,仅从图案上看,其形状类似"三"字或三条横线。会让人联想到数字三以及三个物体之类,可它在歌中名叫《三趟》,实际意义则表示多次,不是具体数字。此处成功地再现了古壮族婚后"不落夫家"的婚俗习惯,明清古籍文献中对此有相关记载,明人邝露的《赤雅·丁妇》中是这样描述的:"娶日,其女即还家,与邻女作处……有身乃潜告其夫,作栏以待生子,始称为妇也。"[①]《怀远县志》有载:"凡

[①] (明) 邝露著,蓝鸿恩考释. 赤雅考释[M]. 南宁:广西民族出版社,1995年版,第26页。

娶妻不由媒妁，男女答歌通宵已即去，非有身不肯为妇，至五年十年不归。"此外，《嘉靖钦州志》中亦有记载："女子适人，不二三日即归母家……比有孕育夫家乃喜迎归为妇。"①从上述古籍文献的记载，可看出古壮族的婚姻是较为自由的，没有家长包办，无须媒妁之言，自由择配，通过对歌形式找到自己的意中人。

壮族人认为，婚礼后新娘已算男家的成员，逢年过节，男家要派出自家的女性，如母亲、姐妹或探亲的女性到妻家邀请妻子回来共度节日，节日过后，妻子又回娘家居住。到了农忙季节，男家也可派人把妻子接回来参加劳动。农忙过后，妻子仍回娘家居住，按壮族习俗，妻子每月必须到夫家探亲一次，在坡芽村这样的探亲称为织布，就是说每次回夫家都要为夫家织几天布。一直到怀上或生下第一个孩子后，就开始定居夫家，与夫共同生活。如果三五年没有孩子，而且弟妹已长大结婚，即便没有孩子也得落夫家，反之则可改嫁。没孩子以前住夫家会被人耻笑，让人瞧不起。定居夫家后，妻子的社会地位发生了根本转变，不能再像姑娘时代那样自由社交，跟其他男性对唱山歌，赶歌圩。在坡芽村，40岁以上的妇女基本都经历过此习俗。现在，随着受教育者和外出打工者的增多，坡芽村"不落夫家"的习俗正悄悄退出人们的生活。

（四）产翁制

所谓"产翁制"就是男子在其妻子生产期间，模拟妻子分娩，或在妻子分娩后装扮成产妇卧床抱子，代替妻子坐月子，而真正的产妇则照例外出干活，并为卧床坐月的夫准备饮食。产翁制作为一种原始遗俗，它不是个别或偶然的现象，它曾在许多民族中普遍而长期的存在过。在我国，壮族、傣族、藏族等民族都曾保留着这种习俗。产翁制是人类社会由母系社会向父系社会过渡的产物。

远古，女性是生活的主宰，妇女生产就表示有了财产继承人，得到大家的敬仰，而男子始终处于服从的地位。后来随男性在社会中经济地

---

① （明）林希元纂修．天一阁藏明代方志选[M]．上海：上海古籍书店嘉靖刻本影印，1961年版，第62页。

位的提高，男子对于以往那种子随母姓，只知其母亲，不知其父的社会现状再也不能容忍了，他们力图要改变这种局面，为了确定子女的父系地位，剥夺女性的这一特权，产翁制便应时而生，通过产翁坐褥来彰显男性在生儿育女中的决定作用，从而达到变母系为父系目的，如第七十六首《犁杖》：

若得妹为妻，
犁地草不剩，
耕田垄不遗。
织布哥绕纱，
生儿哥抱娃。
背儿串门耍，
别让妹累垮。

歌中有"生儿哥抱娃，背儿串门耍"的歌词，这和旧时壮族的产翁习俗有关。正如法国学者弗勒克在《家庭进化论》中所说："男子其所以装产，因为他要使人相信他也是生小孩的人。"或者说"男子装作怀孕生孩子，好像这样就可以证明孩子是由他做父亲的所生的，而有权按父系来计算亲属关系"。现在在部分壮族地区，一些现象还可窥见壮族产翁制还有残余。

三、独具特色的宗教、丧葬观

壮族有独特的以"诺鸡"为标志的麼教文化，"诺鸡"意为鸡骨卜，鸡在壮族的心目中是与天神相通的灵物，公鸡一叫天就亮了，鸡具有抵御灾邪、驱除阴气、迎来阳气之功能。《风俗通义·祀典》中记载："鸡者，东方之牲也。岁更终始，辨秩东作，万物触户而出，故以鸡祭也祀。"[①]他们相信鸡能预测未来，因此通过鸡骨的卦相来测算。不仅鸡骨可以占卜，

---

① 景印文渊阁四库全书[M]．第 862 册，台北：商务印书馆，1986 年版，第 400 页。

鸡蛋也可用来占卜，比如叫魂、烧胎等，常使用鸡蛋来占卜，有明显的原始宗教形态。

（一）请麽公

壮族社会里，神职男性称为博麽，女性称为乜麽，在壮族心目中他们是神鬼的替身，可沟通阴阳两界，能卜吉凶、问鬼怪，跳神驱鬼治病等。一般而言，麽常常单独活动，大多为民歌高手，他们擅长用鸡卜、鸡卵卜、鸡骨卜等。麽没有全民族统一的组织、教义、收徒、作法也不统一。大体上是一个小范围（区或乡）有一个老麽公当头领（师父），活动限于几十里范围。麽作法的内容包括治病、驱鬼、祭祀、敬神、游神、祭祀祖先、干旱求雨、消灾驱邪、鼓舞士气以及庆祝丰收，等等。

如第八十一首《两棵笋》：

> 两棵树同长，
> 两棵笋同发。
> 咱俩同时生，
> 父母抚养大，
> 盼长大相爱，
> 如你死我活，
> 我来请麽公，
> 我来买香纸，
> 我来悼情人。

（二）鸡　卜

在以前，壮族生病不是先就医，而是找博麽或乜麽咨询，通过鸡卜或鸡骨卜占卦，看看自己是冲撞了哪方神圣。如第二十八首《手流血》：

> 爱妹多又多，想妹想成病。
> 病重手冒血，手冒血涂柱。
> 说给阿妈听，妈认为鬼弄。妈请人卜卦。

> 卦没说不好，说咱俩相爱。

歌中男方唱到自己想念心上人一病不起，手上开始流血。这情景吓坏了不知情的妈妈，以为是冲撞了鬼神，拿着衣服去让麼公占算，得到的结果是没有其他原因，只是相思的缘故。

此外，壮族人认为，公鸡是雄鸡，只能用雄鸡的鸡骨来占卜，母鸡的鸡骨不能用。病的公鸡也不能用，只能用健康的公鸡，这样占卜的结果才灵验。宋代文人周去非对鸡骨占卜的具体操作有记载：

> 南人以鸡卜，其法以小雄鸡鸡末孳尾者，执其两足，焚香祷所占而扑杀之。取腿骨洗净，以麻线束两骨之中。以竹梃插所束之处，捭两腿骨两背于竹梃之端，执梃再祷。佐骨为侬，侬者我也。右骨为人，人者所占事也。乃视两骨之侧所有细窍，以细竹梃长寸余者偏插之，或斜或直，或正或偏，各随其斜直正偏审定吉凶。其法有一八变，大抵直而正或附骨者多吉，曲而斜或远骨者多凶。①

鸡骨卜是壮族流传下来的一种古老的占卜方法，至今仍在壮族地区流传。

（三）祭"竜"

在壮族原生宗教理论中，各种神灵表现为古树林木，古树林木象征着神灵，或者它本身就具有了神的力量，变成了神，这个神就叫"竜"。"竜"同"龙"，壮语读"luan"，是森林、树林、山林之意。壮族人民历来把山、树、龙都视为神圣的一体，祭竜神也就是祭树神、祭山神，每年都要为之祭祀，祭祀的日子也不尽相同。祭祀"竜"神之俗古已有之，据《中国西南文献丛书》记载："'祭龙'（即祭'竜'），夷民视为祈福避鬼之要典，十室之邑皆奉行之，每逢春秋两季，择辰日就丛林密枝中认一大树为神，束松枝，其上虔设香醴并牛羊豕各一，夷众各新冠服，向

---

① （宋）周去非撰、张智主编. 风土志丛刊. 岭外代答[Z]. 扬州：广陵书社，2003年版，第289页。

树叩头朝夕即会食林中,大烹酒肉,尽欢而散,所祭的树名祭龙,树折叶不许折伐以触神怨,男女有恙,即向龙树祷祈,决不医药,谓树神我佑而自痊愈矣。"①富宁壮族至今仍保留祭"竜"习俗。

在坡芽,村头的祖先树就是"竜",每年村民都要进行祭拜。祭祀这天,村寨的男人们老老少少挑着锅头碗盏、酒、饭、佐料等,聚到"竜"前,共同分享用来祭祀"竜"的大肥猪。杀猪不用水除毛,杀死后未除毛就先掏出五脏六腑,然后用稀泥糊满猪身,以旺火烧烤,至泥焦皮香而成。

如第四十八首《榕树根》:

> 几时到几时?几时榕根直?
> 几时你爹许?几时你开口?
> 答应嫁给哥,说声嫁给我。

歌中所唱的榕树和第十首、第十一首中涉及的枫树,第十七首中提到的木棉树以及第二十二首中的龙眼树都被壮族人视为祖先树。他们对这些树有着特殊的敬畏之情,认为它们不仅具有树自身的灵性,还附有祖先的灵魂,二者汇集成一股深不可测的神秘力量,庇佑、监督着自己的子民。对于自觉维护山林、保护自然的子民予以保佑,让他们出入平安,无灾无难,五谷丰登,人丁兴旺。对于破坏自然生态、任意采伐、毁损山林者,则予以惩罚,视情节轻重,让他们生病蚀财、遭灾遇祸,甚至一命呜呼。

直到今天,富宁、广南一带的壮族仍保持着祭"竜"这种独特的祭祀仪式。除祭祀外,老人们还利用这难得的众人齐聚的机会,给青年人讲述民族根源、家族历史、磋商本村内之公益活动和制定村规民约。祭祀之目的一般而言,大都是祈求神灵保佑人丁平安、风调雨顺、五谷丰登。"因各地自然环境不同,在旱情容易产生的地区求雨目的强,在雨水充沛地区,则另有他求。如师宗五龙农历五月第一个属鼠日祭竜,其目的是祈求庄稼长得好,不受病虫鸟兽害"。

---

① 梁公卿总主编.中国西南文献丛书(第四辑第七卷"古滇土人风俗图志")[M].兰州:兰州大学出版社,2003年版,第132页。

（四）侧身屈肢葬

屈肢葬是壮族先民对特殊死亡的人采取的特殊埋葬方法，壮族先民认为对特殊死亡的人如不特殊处理，魂魄就会出来作祟，反之则会保佑家人平安。这种观念折射出对生命的敬畏和对氏族繁衍的追求。

如第二十首《一对情人》：

> 妹说的真好，如何相结交？
> 定情年复年，交情月复月。
> 交情一天天。何日咱相伴，
> 今年赶不着，总还有明年；
> 明年再无望，断气死非命，不愿再生还。

画面上是两个背对着的侧身屈肢的人物形象，手弯曲着放在脸前，仅从画面上是无法看出是坐着还是躺着的，只知它代表一对情人。这得追溯到壮族古老的风化葬，古代壮族对非正常死亡的人或者从事巫术活动之人死亡后，实行风化葬。"土人或遭横死，如雷击虎伤之类，则不殓不祭，将尸坐于椅上，送往高山，以便头笠覆之，听其消化，人不敢近，男妇为巫者死亦如是。"①凡下葬时，必须在尸体尚柔软的情况下用绳索捆绑成屈肢状，特别是屈肢蹲踞姿势，要将尸体捆绑在椅子上，呈坐式，待到下葬之日，将死尸连同坐椅一起抬到葬地，把尸体侧放，解开绑绳，取回坐椅，然后将死者土葬。②因此，可初步判定图中人物为侧躺而不是坐姿形状，根据壮族男左女右的观念，左边当为殉情男性，右边为殉情之女性。值得注意的是，下葬时，根据地方风俗不同，有的是露天葬，有的是土葬，有的是火葬。清人龚澡身的《竹枝词》有言："竹椅舁尸尸裹毡，入山焚化始登仙。若非腊月烧豚祭，日诵夷经已枉然。"③诗里描

---

① （清）李希玲纂、林则徐等修．广南府志[M]．台北：成文出版社 1967 年版，第 48 页。

② 覃芳．邕宁县顶狮山遗址葬俗试释[J]．广西民族研究，2002 年第 2 期，第 107-110 页。

③ 潘超、丘良任、孙忠铨等主编．中华竹枝词全编[M]．北京：北京出版社，2007 年版，第 115 页。

述壮族为特殊死亡者裹上毡子，然后把尸体捆坐竹椅上，最后抬到山里进行焚化。壮族屈肢葬之俗一直沿袭到清朝，至民国才被其他丧葬方式所取代。民国后壮族各支系盛行用木棺土葬。对于特殊死亡者则采用火葬，在外面死亡者不得停尸家里，只能在屋外设灵念经超度，如死者有后代，则须将尸体火化后装入棺材下葬。流产、难产等大出血而死的女性，则是犯了血水关，要过血水河，须用一只活的母鸭作为阴船陪葬。并且要在坟旁栽上一棵芭蕉树，待其结果后砍掉，意味着亡魂获得自由，可以往生转世了。

四、结　语

"坡芽歌书"的奇特之处在于：其一，"坡芽歌书"共81个图符，每个符号代表的不是寻常意义上的一个字或一个词语，也不是一句话，而是一首特定的坡芽情歌。它用古老的图形符号记录坡芽儿女从相识相恋到婚配的情感过程。其二，其创作过程不是用笔墨纸砚，也不是的刀刻木雕，而是女性传人用一根壮家房前屋后最常见的竹签，蘸上不会褪色的仙人掌汁，在家织的土布上细细描绘而成，此种奇特的艺术表现形式属壮族"莱瓦"艺术之一，目前仅发现坡芽人独有。其三，会使用"坡芽歌书"的村民大都不识汉字，且多为女性，折射出远古时期母系社会的余光。从其女性传承的特定性上，"坡芽歌书"可视为壮族的女书了。其四，从内容上看，"坡芽歌书"不仅唱情，还包含了劳动生产、民俗风情、原始宗教、建筑及服饰等丰富多彩的内容，是古壮族文化的活态传承。其五，"坡芽歌书"本身至少包含了四个属性，即：文字性、语言性、音乐性及诗性，这种独特的文化形态为研究壮族生活习性、精神气质、道德伦理、审美旨趣、价值取向提供了必然的依据。它真实地呈现了坡芽儿女的农业生产、爱情生活、人格尊严及民族风情，是迄今为止唯一用图画文字记录民歌的文献，故被誉为"天下第一部图载歌书"。

"坡芽歌书"自2006年被地方政府发现以来，受到政府各级部门和学界的高度重视，迅速组织力量挖掘整理，短短几年时间，先后完成了学术定位、书籍出版、著作权保护、申遗工作、商标注册申请、文化生态村建设、纪录片拍摄、舞台化演绎、传承人教学、原境教学等一系列静态与动态相结合的抢救保护与活态传承工作，使之成为推介壮乡富宁的一张最耀眼的名片。尤为重要的是，"坡芽歌书"不仅是富宁坡芽人独有的传家之宝，它还是全人类共有的艺术文化珍品！

论"坡芽歌书"中人物的视觉形象

【摘　要】"坡芽歌书"是突破了壮族口传文学的认识常规，以珍稀的文本形式、独特的方法保存下来的壮族情歌集，它是用竹签蘸上仙人掌汁在一张壮族自织土布上绘制而成的，共81个图符，每个图符代表一首固定的情歌。它在少数民族的艺术作品中，以其别致的结构、浓缩的表征、丰富的内涵和特殊的传承而独树一帜。本文以视觉形象为切入点，结合鲁道夫·阿恩海姆的心理美学理论，对歌书中出现的九次人物形象进行分析解读，试图呈现"坡芽歌书"中人物的视觉形象和它迷人的艺术魅力。

【关键词】坡芽歌书　心理美学　人物　视觉形象

坡芽，是一个小村子的壮语名字，壮语中，"坡"即"山坡"，"芽"即"黄饭花"，坡芽意为"黄饭花盛开的地方"，它坐落在滇桂交界的群山之中，隶属于云南省文山壮族苗族自治州富宁县剥隘镇，距镇上9公里山路，世代居住着勤劳淳朴的壮族人民。目前全村57户258人，除一汉族媳妇和三个上门女婿外，均为壮族。"坡芽歌书"[①]是2006年富宁县进行文化资源普查时在坡芽村偶然发现的一部图载歌书，原件是块画着81个红色图案的白色土布。据传承人农凤妹、农丽英介绍，这是祖传下

---

① 本文采用的"坡芽歌书"形象图符，系传承人农凤妹于2011年8月亲手原样绘制。

来的歌书，一个图案代表一首固定的情歌，图案根据歌中用以表情达意的主要物象描绘而成。它的图案歌词相对固定，大部分坡芽人均能见图识歌，壮语称为"布瓦吩"，即"把花纹图案画在土布上的山歌"，目前统一译为"歌书"。"坡芽歌书"自发现以来，短短几年时间，迅速申报成为国家级非物质文化遗产，引起国内外学者的广泛关注和参与研究。"坡芽歌书"由女性传承人用竹签蘸上仙人掌汁在一张壮族自织土布上绘制而成，共81个图符，每个图符代表一首固定的情歌。它以其别致的结构、浓缩的表征、丰富的内涵和特殊的传承而独树一帜，是云南壮族活着的传统文化，是壮文化的源头活水和探究壮文化不可多得的第一手材料。"坡芽歌书"中作者用简单的笔法描绘了栩栩如生的81幅图案，给读者造成了强大的视觉冲击力，其中人物模糊的创作成为艺术形象的主体，正是这些图案，使"坡芽歌书"活力四射、生机无限。"歌书"里人物描绘的不确定性和模糊性，更有助于扩展读者的想象思维，揭示深刻的主题思想，产生朦胧美。

阿恩海姆认为："视觉形象永远不是对感性材料的机械复制，而是对现实的一种创造性的把握。它把握到形象是含有丰富的想象性、创造性、敏锐性的美的形象。"[①]本文将使用格式塔心理美学原理来分析"坡芽歌书"中人物形象的视觉效果及其审美价值。他通过一系列的心理实验，揭示了视觉在艺术创造和艺术欣赏中的积极作用："在阅读这些实验报告的时候，任何一个有头脑的人，都会对眼睛在观看一幅简单的线条画之类的简单行为中所表现出来的那种追求统一和秩序的积极倾向赞叹不已，所有这些实验都证明了视觉形象永远不是对于感性材料的机械复制，而是对现实的一种创造性把握，它把握到的形象是含有丰富的想象性、创造性、敏锐性的美的形象。"[②]由此出发，阿恩海姆对艺术形式中力的结构、表现、平衡、运动、张力、物理对象与心理意象，以及空间、光线、色彩等各个方面进行了令人心服的分析和阐释，其中一些范畴，对

---

① 鲁道夫·阿恩海姆. 艺术与视知觉[M]. 滕守尧、朱疆源译. 中国社会科学出版社，1984年版，第863页。
② 鲁道夫·阿恩海姆. 艺术与视知觉 引言[M]. 滕守尧、朱疆源译. 中国社会科学出版社，1984年版，第113页。

我们研究坡芽歌书的艺术作用，有着积极的指导作用。坡芽歌书中出现的人物图像均代表对歌的男方或女方，形象描绘为简笔画，无五官和细致轮廓描绘，寥寥几笔就勾划出一个人物形象。整部歌书中人物图像共出现八次，详见下表：

"坡芽歌书"人物形象表

序号	第三首《靓哥》	第八首《独子》	第二十首《一对情人》	第二十九首《晕死的人》
图像				
歌词大意	若有谁在那？桐树柃树吗？公子王孙吗？像红日初升，像红荔披霞，成家未成家，靓哥歌拦下，当爹唱归家。卯时哥上路，辰时妹迎伢。此时咱巧遇，有缘遇天涯。咱来捡栗子，咱来对生辰，咱来对歌声。	怨我命不好，亲娘只生我。在家独自过，外出门就锁。挑水独自饮，担柴独自炊。烦下田下地，下地哥自去，下田哥独回。	妹说的真好，如何相结交？定情年复年，交情月复月。交情一天天。何日咱相伴，今年赶不着，总还有明年；明年再无望，断气死非命，不愿再生还。	爱哥揪心痛，想哥妹厥晕。席上蹬腿死，昏死七八天。爹入林劈树，全家哭呜呜。将放我入土，恰巧卡坟坑。想哥又复活，再活三五年。等到你成家，成家当了爹，妹才死不活。
序号	第五十七首《女孩》	第五十八首《坐靠椅》	第六十三首《同桌吃饭》	第八十首《牵手》
图像				
歌词大意	我还倒有夫，爹怕独子都死完，娘怕男儿都没了，辫未编就嫁，发未分成婚，哭我嫁错人。	嫁你嫁得对，嫁到富人屋。家有银有钱，有钱开商铺。妹安坐数钱，谁能比妹富。	不怕就不怕，妹自能做主，我定能顶住。咱俩要相伴，咱俩同饮食。没谁来非议。咱好谁敢提！	一年十二月，正月咱下地，二月咱下田。咱俩在一起，一起谋生计，活得像邻里。

一、人物形象的视觉感知

"坡芽歌书"中人物形象的视觉感知由构图、色彩、造型三个因素构成，具有独特的美感表现形式，能引起人们想象力与知性的协和一致。

（一）构图

"坡芽歌书"绘制过程中，使用材料较为独特。其一，画布非纸非木非绸非绢，而是壮族自己织出的白色土布，长约二尺，宽约为一尺，结实厚重。其二，绘制时用的工具非刻刀毛笔火炭，而是使用壮乡常见的竹子削细制成的竹签。其三，使用的原料非墨非水彩，而是壮乡随处可见的仙人掌新鲜汁液。绘制时，把白色的土布铺开拉平，用竹签蘸上新鲜的仙人掌汁在白色土布上绘制而成，新鲜的仙人掌汁呈鲜红色，绘成后，呈现出来的画面是白底红图，赏心悦目，视觉冲击力很强。

（二）色彩

"坡芽歌书"的创作，使用的是醒目的红色，这与西南系统岩画色彩相一致，尽管两者使用的颜料并不相同（后者多以赭红色赤铁石矿粉为主要颜料，并以动物血液调和），但热烈浓厚的色彩所带来的心灵震撼亦是一致的。"坡芽歌书"以建立在客观色彩系统上的主观色彩为特征，突破客观色彩效果。色彩不仅具有视觉优势，而且具有某些方面的心理优势，使观赏者在缺乏具体形象时，调动想象力加以补充，完成对绘画的再创造，从而获得审美满足与心灵愉悦。坡芽人依靠自己理性观念的美感经验，和画面色彩的形式美感规律来选择色彩。也就是说，她们认为红色美，画面需要红色，就可以抛开具体而独立存在。坡芽人对红色的选择是与特定的生活环境、艺术环境和精神情感相联，他们对色彩的态度集中反映了对生命和生存空间所持的看法。

（三）造型

"坡芽歌书"的造型简洁，形象特征生动。造型是绘画艺术本质特征，没有受过美术的系统教育和专门造型训练的壮族先民，对画面上人物的处理是很直观和单纯的，他们没有严格的透视观念，没有专业的结构意识，没有过多的造型理念，对画面上物体的描绘往往来自视觉感受，形象直观生动，并且有形变的稚拙感。最重要的是她们不懂精微的描摹，所有的人物图案造型都简洁地概括，直观有趣。

二、人物视觉形象的文学性

"坡芽歌书"的人物视觉形象，具有真实地反映壮族生活和壮族社会的历史使命。除了呈现出构图、色彩及造型等诸方面的美之外，文学性的表现亦成为"坡芽歌书"的审美形式之一，这是由其图案的社会功能决定的。

（一）灵活多样的表现手法

"坡芽歌书"中，8次涉及人物的视觉形象，表现手法灵活多样，且用法娴熟。详见下表：

歌　　名	《靓哥》	《独子》	《一对情人》	《晕死的人》
歌　　序	第三首	第八首	第二十首	第二十九首
表现手法	比	赋	赋	夸张
歌　　名	《女孩》	《坐靠椅》	《同桌吃饭》	《牵手》
歌　　序	第五十七首	第五十八首	第六十三首	第八十首
表现手法	赋	赋	赋	兴

（二）较强的叙事性和抒情性

"坡芽歌书"中人物视觉形象的文学性还在于它具有叙事性和抒情性

的有力支撑，反映的社会内容也得到有效的扩展，具有相应的深度、厚度和感人的力量。同时，人物视觉形象的文学性，还指它所体现出来的文学倾向，即构筑在两个壮族男女青年之间相识、试探到相恋婚嫁的情节基础之上完成的作品。

（1）"坡芽歌书"中所取人物视觉形象的题材，均反映了壮族古老的民族风情和生活习俗，具有很强的叙事性。如第二十首《一对情人》，画面上是两个背对着的侧身屈肢的人物形象，手弯曲着放在脸前，仅从画面上是无法看出是坐着还是躺着的，只知它代表一对情人。这得追溯到壮族古老的侧身屈肢葬，屈肢葬是壮族先民对特殊死亡的人采取的特殊埋葬方法。壮族先民认为对特殊死亡的人如不特殊处理，魂魄就会出来作祟，反之则会保佑家人平安，这种观念折射出对生命的敬畏和对氏族繁衍的追求。由此，可初步判定图中人物为侧躺而不是坐姿形状，根据壮族男左女右的观念，左边当为殉情男性，右边为殉情女性。第二十九首《晕死的人》画面上是半身侧躺的人物形象，身下用一横表示席子，很纯粹的一个视觉符号，让读者在纯视觉的感受中，着眼于整体的感觉，来把握对象含糊的外观。另外，第五十七首《女孩》中反映的亦是壮族风俗。画面上是一个人的上半身图像，脑后有一撮头发束起来，表示发未分的女孩。在富宁壮族地区，女孩刚学会走路时，就要剃掉四周的头发，只留脑后一束结成马尾，待到十三四岁就可留长发，进行分发编发，同时可以剃眉染齿。目前，坡芽村 2～6 岁的女童仍保留这种脑后束一撮的发型，直到上学才留长分开编起来。

（2）抒情性亦是歌书中浓墨重彩的一笔，突出爱情这一永恒的主题。歌书里每首歌都极尽抒情之能事，如第三首《靓哥》，图案上呈现的是一个半身人形象，通过歌词，我们知道图中所指为女方所唱的男性青年。歌中用了比的表现手法，将小伙子比喻为迎风展枝的桐树椽树、风流倜傥的公子王孙、徐徐升起的红日，披着霞光的龙眼花，极力赞美小伙的英姿，为进一步了解小伙的情况作了铺垫，抒发了爱慕之情。第八首《独子》中，抒情性亦随处可见，图案上是一个侧身托腮的人物形象。坡芽村民认为此图案画的是一个忧伤的小伙独自托着腮帮坐着想心事，表示自己现在仍是单身一人，挑水做饭、下田种地都形单影只，独来独往。

歌中呈现了自己的日常生活场景："在家独自过，外出门就锁。挑水独自饮，担柴独自炊。烦下田下地，下地哥自去，下田哥独回。"不仅向女方介绍自己的情况，以答复其先前对婚姻状况的探问，还抒发了孤苦无助的忧伤之情。"坡芽歌书"是画出来的，其图案呈静态，然而它突破了传统的画面方式，那一个个貌似简单静止的图案背后，都承载了一首固定的壮族情歌。一个图案就是一首情歌的浓缩的表征，每一展开，壮族先民的悠扬歌声就从远古向我们飘来，他们的似水柔情和无边爱恋就呈现在我们面前。

（三）真实感人的生活情节

"坡芽歌书"中所取人物视觉形象的题材，还注重情节的表现。将男女主角及所有出现人物都置于整个故事的发展过程中加以表现。

（1）源于生活的逻辑关联。如第五十八首《坐靠椅》：仅从图案上看，画的是一个人的侧身像，分不清男女，坐在一把靠椅上，双手置于胸前。手中有物，不知具体为何物。结合歌词和坡芽村民的讲解，得知图中画的是一名女性正坐在靠椅上数钱。在这幅图案中，可分为三层视觉内容来解读：一为靠椅，二为人物形象，三为人物手中之物。其中视觉的中心是人物形象。三个层次关系紧密，具有明显的统一性，人物形象处于最引人注目的关键位置，视觉组合非常科学合理，尤为重要的是三个层次之间内容上的逻辑关联性。这种逻辑关联集中体现了坐靠椅、数钱等情节，突出了男方有妻这一推测。

（2）凝固定格的瞬间。第六十三首《同桌吃饭》的情节性也很突出：图案上画的是两个人隔着一个圆形物体相对坐着的侧身像，手置于胸前，手中有物。圆形的东西里有三个圆点。从歌词中可以推断，这对情人经过重重考验，终能同桌进餐。俩人手中拿的是碗筷，圆形物为壮族用竹子编的饭桌，这种饭桌如今坡芽村民仍在使用，三个圆点表示桌子上摆着饭菜。按男左女右的习惯，左边为男方，右边坐的是女方。整个画面笔法简单，可内容却很丰富。第八十首《牵手》图案上两个人的半身正面图像，肩并肩站在一起，表示两个人牵手走到一起后的生活状态。作者将这对青年男女真心相爱的瞬间凝固在画面上，成功地刻画出人物特征和心理状态。达·芬奇曾说过："一张人物画，或其他形式的人物表现，应该做到使人一看就很容易从他们的姿势中，觉察他们的思想……就好像一个聋人看人讲话，虽然他不能听见，但依然可以从两个人说话的姿态中，揣度他们讨论的主题。"此图案中，我们很容易从两个人的姿势看出作者想要表达的主旨：并肩前行，携手今生！

"坡芽歌书"反映的内容多是青年男女那如痴如醉的婚恋过程，这种感情又融合在壮乡的青山绿水和人文环境之中，清新自然，毫不做作，给人以亲切自然之感。壮族先民用画图案、对山歌的形式来讲爱情故事，每一幅图案、每一首歌就是一个生动的故事，情节层层递进，从这个意义上来讲，"坡芽歌书"不仅是画、不仅是歌，它是一种文学式的表白，它的本质仍旧是文学性的。

在"坡芽歌书"的人物画面塑造中，作者没有勾勒出男女主人公的高矮胖瘦、眉高眼低、漂亮英俊与否，但画面包含了站姿、睡姿、坐姿等，人物的行为动作则呈现托腮、吃饭、数钱、牵手等生活实景。虽说人物简化到只有几根很简单的线条，然而，只要这个形象的结构骨架与读者所掌握的视觉概念结构骨架相一致，那么这个形象仍然可以被读者毫不费劲地识别出来。这正如我们可以根据对"坡芽歌书"的整体感知，轻易地描绘出自己心中的男女主人公的相貌外观。就单个图案而言，人物形象就是视觉中心所在，其大小、左右、上下均对称均衡，这就使得画面具有强烈的动感特征和平衡稳定性。加之整部"歌书"使用的是红色颜料，更显画面的质朴淳厚和气氛的庄重热烈，极富视觉冲击力！

从抢救保护走向活态传承的少数民族语言生态良性建构
——兼以云南壮族"坡芽歌书"为例

【摘　要】本文以云南富宁壮族"坡芽歌书"为例，从2006年发现挖掘、抢救保护到当前的活态传承，不仅大大提高了坡芽歌书的认知度和认可度，成为国家级非物质文化遗产，并且，从语言学角度视之，形成了壮族沙支系语言生态的良性建构。基于此例，作者针对部分少数民族语言濒临消亡现象，主张采用高科技手段对活的语言呈现与入库，强调通过建设多模态语料库进行活态保护传承的观点，突破了传统意义上对少数民族语言的静态保护研究。建设多模态语料库不仅可以完整地保存与保护少数民族语言，还可以将少数民族语言作为教材进行传承推广，且克服了时空相隔等现实问题的困扰。在普通话强势推广的今天，对处于弱势的少数民族语言而言，从抢救保护步入活态传承显得意义深远而又任重道艰。

【关键词】抢救保护　活态传承　坡芽歌书　多模态语料库　少数民族语言

　　神奇美丽的"坡芽歌书"，它看着是图画，写着是文字，念着是语言，唱着是情歌，有着多重研究价值和广阔的发展空间。自2006年被地方政府发现以来，受到政府各级部门和学界的高度重视，迅速组织力量挖掘整理，短短几年时间，先后完成了学术定位、书籍出版、著作权保护、申遗工作、商标注册申请、文化生态村建设、纪录片拍摄、舞台化演绎、传承人教学、原境教学等一系列静态与动态相结合的抢救保护与活态传承工作，使之成为推介壮乡富宁的一张最耀眼的名片！

　　几年来，"坡芽歌书"抢救保护与活态传承大致经历了几个阶段：其一，文本阶段。包含对"坡芽歌书"的整理翻译著作、分析解读的文章和相关专家的评论，以歌书为中心辐射出去的诸如文字、绘画、文学等层面的研究心得。其二，媒体阶段。"坡芽歌书"自挖掘之日起，媒体自始至终引领观众关注并追随着它神奇的面容，运用了报纸、电视台、电台、网络、新闻发布会、唱片、录音等方式进行宣传展示。其三，舞台阶段。这样，不仅仅把传承人农凤妹、农丽英等相关坡芽歌手的作品搬上舞台展示"坡芽歌书"的独特魅力，当地壮剧团和相关演出团体对坡芽情歌亦进行了深度演绎。其四，传承人原境教学阶段。相关部门在坡芽开办了传习所，传承人广纳学徒，传唱"坡芽歌书"。同时，文山州富宁县各机关单位和学校亦展开了如火如荼的坡芽情歌教学，由指定的传承人专门传授，在阶段性的学习后进行比赛。因一系列抢救保护以及传承工作，"坡芽歌书"之星火，在富宁县渐成燎原之势。抢救保护与活态传承方式的多元化，使"坡芽歌书"得以迅速传播，风靡学界，同时，亦形成了壮族沙支系语言生态的良性建构。

一、文本阶段——静态的学术研究

　　2006年，"坡芽歌书"被发现之后，富宁县委县政府于2006年9月迅速调派人力成立了"中国富宁壮族坡芽歌书"保护与开发领导小组和"中国富宁壮族坡芽歌书"编委会，着手整理翻译"坡芽歌书"，2008年3月完成初稿。2009年3月，由刘冰山主编，黄炳会、黎盛根副主编，民族出版社出版的《中国富宁壮族坡芽歌书》一书问世，被列为中央民族大学"985工程"中国少数民族语言文化系列丛书之一。整理翻译后的"坡芽歌书"文本不仅让我们在接受和解读时更直观，更富学术性，同时亦折射出富宁政府保护和传播坡芽歌书的决心和魄力。

同时，学术机构和学者也介入其中：2007年云南壮学会长何正廷在《文山师范高等专科学校校报》(2007年12月20卷4期)发表了题为《坡芽歌书与壮族歌圩》的文章，阐述了坡芽歌书与壮族歌圩的关系。

2009年，清华大学教授赵丽明在《中华读书报》(2009年第3期)发表《坡芽歌书是什么文字？》，同年在《文史知识》(2009年第7期)又发表了题为《坡芽歌书的符号是文字吗？》的文章，从文字学的角度分析"坡芽歌书"的符号是否具有文字的性质。赵丽明教授认为"坡芽歌书""在文字形态上，比东巴文字更古老；在文学形态上，具有诗经的韵味"。同时，它"不仅有诗经的韵味，有汉乐府的手法，还有梁祝的凄美"。中国壮族古籍专家黄桂秋认为"坡芽歌书"堪称"世界级"的发现，是"骆越族群原生自创的图画文字，壮乡儿女天籁欢歌的情爱密码。坡芽歌书的文字印证了文字发展的过程，是祖国民族文化的瑰宝"。

2009年，《华东师范大学学报》(哲学社会科学版)第5期刊登了文字学专家王元鹿、朱建军的文章《"坡芽歌书"性质及其在文字学领域中的认识价值》，文章从文字学角度对"坡芽歌书"进行深层剖析，指出它是一种原始文字系统，在文字学领域有着十分重要的参考价值，为认识早期文字的发展规律提供了很好的个案。

2009年中央民族大学王志芬博士撰写了《云南壮族坡芽歌书符号意义解读》，该著作从文本符号的解读入手，详细解读了每一个图符代表的每一首坡芽情歌，并延伸到了相关壮族习俗的探究，为后续研究提供了较有价值的学术依据。

王志芬在《民族艺术研究》2009年第1期中发表了《坡芽歌书图案与铜鼓、岩画图案之比较研究》，将"坡芽歌书"中的图案与广西、云南一带发现的铜鼓纹饰和岩画图案进行了比较，发现它们均具有明显的壮族文化特征，这对进一步研究和认识壮族文化具有重要意义。

刘琉、徐健在《民族音乐》2011年2期发表《从坡芽歌书看壮族文化》，指出坡芽歌书中蕴含着丰富的壮族文化，要借鉴坡芽歌书的成功经验，大力弘扬优秀壮族的文化。

2011年1月，民族出版社副总编、中央民族大学博士生导师、民族学专家黄凤显主编出版了《中国富宁壮族坡芽歌书》，他认为"坡芽歌书"为我们展示了一种前所未见的文本。它是图画与文字的结合，是音乐与诗的结合，是书面语与口头语的结合，是直观认知与暗示想象的结合，是实用性与娱乐性、审美性的结合。

2013年1月，权迎、米恩广在《大理学院学报》发表《云南壮族"坡芽歌书"符号表达特征解析》，解读分析了坡芽歌书的符号表达特征。

文本的传播使得"坡芽歌书"的传承与推广有了更为深厚广阔的表达空间，成为民族艺术百花园里正在徐徐升起的一颗璀璨明星。"坡芽歌书"文本成功的原因和特点在于丰富的壮学涵养和敏锐的艺术眼光。"坡芽歌书"文本与其他文本相比，突出之处在于它还具有音乐语言属性。这就对编写者本身的学术水平提出了较高的要求。据了解，所有编写人员均为壮族，均有着较为丰厚的壮学素养和文学艺术功底，精通壮语和汉语的运用转换、语法修辞，大都会唱壮族山歌，相当一部分还是出色的歌手。

二、媒体阶段——动态的抢救保护举措

在"坡芽歌书"的推介中，媒体发挥了非常重要的作用，综合了电视台、电台、网络、新闻发布会、报纸、唱片、录音等宣传手段。

中国社会科学院报特约记者孙伯君在《中国社会科学院报》2009年2月17日第1版发表文章《富宁壮族"坡芽歌书"首引海外关注》，报道了中国社会科学院民族学与人类学研究所的聂鸿音研究员应美国哈佛大学东亚语言文明系之邀，赴美国哈佛大学作了题为"文字的起源与类型"的学术报告，其中利用较长时间介绍了近年在云南省富宁县发现的壮族"坡芽歌书"，引起了与会专家学者的极大兴趣。本次报告是富宁壮族"坡芽歌书"信息在海外著名学府的首次发布，标志着中国少数民族文化在当今世界上正受到越来越广泛的关注。

李倩在《西部时报》2009年4月7日第010版发表文章《〈中国富宁

壮族坡芽歌书》记录壮族青年爱情故事》，对《中国富宁壮族坡芽歌书》在云南昆明的首发进行了报道。

2009年6月，由中国壮语文化网络教育学院总执行人参与策划，并组织拍摄的文化类纪录片《破译坡芽密码》在中央电视台10套探索与发现栏目首播。随后，该片通过国家互联网中心将视频发送上互联网，广为传播。

中国文化报记者杜洁芳在《中国文化报》2010年6月4日第008版发表题为《坡芽歌书：记录数百年壮族情歌》的报道。

三、舞台阶段——活态传承之一

2010年初，由各个战线抽调来的10名文艺精英组成"坡芽歌书山歌队"，队员由五对男女组成，来源多样：有机关公务员、中小学教师、乡镇文化馆长、图书馆馆长、文化局副局长、接待处员工、话剧团演员等，他们代表云南省参加了第十四届CCTV全国青年歌手电视大奖赛，无论在角色选择、表情、唱腔上都显示出精湛的专业水准。他们以优美婉转的歌声征服了当时在座的观众和评委，获取殊荣，享誉全国。

2013年2月23日至3月3日，应美国夏威夷大学孔子学院邀请，云南艺术研究院组团参加了中美文化交流活动。富宁壮族坡芽山歌天籁之音飘出国门，唱响夏威夷。云南艺术研究院组织的团体由中国富宁壮族坡芽歌书山歌队和翠堤常虹合唱团组成，富宁壮族坡芽（歌书）山歌先后唱进美国夏威夷大学孔子学院、孙中山先生及时任美国总统奥巴马的母校——普纳荷学校、尼奥谷中学及圣安德鲁学校、玛丽诺学校。演出共7场，《富宁壮族坡芽歌书》里的《命好才相会》《只爱你一个》《哪里鹧鸪叫》《舍得舍不得》等几首经典情歌，以别样、悠扬、情趣、空旷、意韵深刻唯美的山歌风味和生动的舞台表演，倾倒在场观众。山歌队还参加了夏威夷大学孔子学院的中国乐器合奏课、音乐人类学等交流讲座。

2009年9月，富宁县提交相关材料并提出商标注册申请，其商标为

"坡芽+图形"，共涵盖 24 类 249 种商品。经过国家工商总局商标局为期一年多的查询、审查和实质审查，通过了商标注册初审。通过一段时间的公告后，有"坡芽+图形" 23 类商标注册证正式生效，注册有效期为 10 年，注册人为富宁县文化产业发展办公室。"坡芽+图形"的注册成功，迈出了全力实施"坡芽文化"品牌战略的重要一步，为把富宁打造成为一个内涵丰富、魅力无穷的民族文化县奠定了坚实的基础。

四、教学阶段——活态传承之二

"坡芽歌书"进校园：2010 年 5 月，富宁县政府与文山州团委联合举办了"坡芽歌书"进校园系列活动，举行了启动仪式、专题讲座、专题画展等活动。其中，文山师院举行的"坡芽歌书"进校园活动，通过开展"一台讲座、一台展览、一台晚会"的"三个一"活动，为广大师生献上了一份民族文化艺术的大餐，受到广大师生的热烈欢迎和一致好评。

"坡芽歌书"进机关：邀请"坡芽歌书"传承人为广大机关干部传授坡芽山歌并进行比赛，让更多的人了解"坡芽歌书"，喜欢"坡芽歌书"，为推广和宣传打下坚实的群众基础。

成立传习所和研究机构：为了让人们在学习"坡芽歌书"时有专门的场所进行集中学习，目前，富宁县政府在坡芽村办起了"坡芽歌书"传习所，剥隘镇也建立了传习广场。鼓励传承人开设传习班，教画"坡芽歌书"，教唱"坡芽歌书"，把"坡芽歌书"的火种传向四方，活态传承"坡芽歌书"，把"坡芽歌书"唱响云霄。此外，富宁县还成立了坡芽情歌研究所，专人负责坡芽情歌的保护、研究和传承。2007 年，还组建了坡芽情歌合唱团。

此外，还在坡芽村建立传习所，在剥隘镇建立传习广场，让人们有地方进行集中学习。暑假期间，富宁县委县政府还鼓励传承人开设传习班，教画"坡芽歌书"、唱"坡芽情歌"。富宁还成立了"坡芽歌书（坡芽情歌）"研究所，有专人负责"坡芽情歌"的研究、传承和保护，创立

"坡芽情歌"合唱团，负责"坡芽情歌"的传唱和宣传推广。

为保护这一独特的文化遗产，富宁县成立了保护领导小组和"坡芽歌书"编委会，集中人力、物力、财力对"坡芽歌书"进行全面的翻译整理，经过3年多的破译和整理，"坡芽歌书"相关书籍正式出版发行。当地还从壮剧团中挑选了一些人组成文山坡芽壮歌队，来扩大"坡芽歌书"的传承与影响。每年组织这支山歌队去坡芽村住上一段时间，向传承人学唱山歌。据了解，其中颇有特点的《坡芽彩虹》不仅仅有壮戏，其中还融入了"坡芽情歌"的元素，提高了壮剧的观赏性。通过《坡芽彩虹》，富宁力图打造出"坡芽情歌"的精品品牌代表。

同时，富宁县还着力打造坡芽品牌，包括坡芽工艺品、纪念品的制造推广和销售。在县委县政府的高度重视和大力支持下，相关部门加大扶持坡芽村的力度。从2007年5月起，富宁县启动坡芽文化生态村建设，至文章截稿已投入近200万元，用于改善道路等基础设施和建盖坡芽歌书传习馆。现在到坡芽去，道路已铺修完毕，坡芽传习馆已然建成使用。村口那独具壮乡特色的寨门迎风伫立，似在喜迎四方嘉宾。

2011年9月，"坡芽情歌"正式入选国家非物质文化遗产目录，让原本对歌书习以为常的当地壮族改变了认识，意识到坡芽情歌是了不起的本族文化，是很珍贵的文化财富。政府的高度重视，伴随着申遗的顺利成功，对当地村民的思想转变影响很大，有助于其转变陈旧观念，扩大"坡芽情歌"的传唱范围。另外，富宁县还开展了"坡芽情歌"进校园、进机关、进企业等系列活动，为"坡芽情歌"的宣传打下了坚实的群众基础。

五、建设多模态语料库研究

基于上述已有成果，尚缺乏对"坡芽歌书"保护和永久传承的相关措施，故在当前建立起"坡芽歌书"多模态语料库显得尤为重要，此举不仅对是"坡芽歌书"进行全方位的抢救保护，更为活态传承坡芽歌书中的语言提供了非常便利的平台。

所谓多模态在本文中指人类通过感官（如视觉、听觉、嗅觉）跟外部环境（如人、机器、物件）之间的互动方式。（用单个器官进行互动的叫单模态，用两个的叫双模态，三个以上的叫多模态。）多模态语料库则是以计算机多媒体为技术基础，以功能语言学理论为理论依据。以音、形、意、用为研究内容，以言语活动为研究对象，以从原始数据中抽取信息和知识为手段，以语境模型为驱动，以再现文化为主要内涵的语言为目的，囊括整个言语活动的文字、声音、图像和语言活动的多媒体语料库。换言之，就是把文字语料、音频语料和静、动态语料进行集成处理，用户可通过多模态方式进行检索、统计等语料库。

运用多模态语料库语言学的贴真建模（simulative modeling），分为概念建模、数据建模和实际操作与评估三个阶段。例如通过概念建模来操作"坡芽歌书"，我们知道概念建模的核心就是在理论上（即不考虑技术上能否实现）勾画出建模者对建模对象的认识与把握。此处以视觉、听觉为例，假设建模对象是"坡芽歌书"、传承人、观众。当观众看到"坡芽歌书"时，眼睛把感光信息转化为脑电信息，经过脑处理后得出一个"解析果"，即"视觉解析果"。同样，传承人的眼睛把"坡芽歌书"的视觉信息发送给大脑，经过处理也得出一个"解析果"，即"视觉解析果"，不同的是，传承人见到"坡芽歌书"，耳朵会把"坡芽歌书"听觉信息发送给大脑，经过处理后得出一个"解析果"，即"听觉解析果"。不仅如此，传承人还对自己的"视觉解析果"做出多种编码，比如用语音描述"坡芽歌书"的材料、色彩、质地，还可记录下同样的图案符号，把"视觉解析果"画出来……

总之，多模态语料库所发挥的作用，不仅体现在濒危语言保护研究中，更能体现在少数民族文化的活态传承上。一个民族的语言走向消亡，最关键的一个原因是其根植的土壤——语言环境发生改变或被破坏，所以，我们在抢救保护少数民族濒危传统文化的同时，不能把视野锁定在文字、声音上，更应大力抢救保护该语言产生和应用的语言环境，这才是治本之法。多模态语料库的优点正彰显于此，它不仅仅可以记录文字、声音及其文化产品，还可以记录和还原特定语言的语言环境，因此，多模态语料库中收录的不仅仅是语言文字，还涵盖了语言环境以及少数民族厚重的历史文化和璀璨多姿的风土民俗。

参考文献

[1] 刘冰山. 中国富宁壮族坡芽歌书[M]. 北京：民族出版社，2009.

[2] 王志芬. 云南壮族坡芽歌书符号意义解读[M]. 昆明：云南大学出版社，2010.

[3] 黄凤显. 中国富宁壮族坡芽歌书[M]. 北京：民族出版社，2011.

[4] 黄昌宁，李涓子. 语料库语言学[M]. 北京：商务印书馆，2002.

[5] HOMPSON G，HUNSTON S. 系统与语料：二者关联探索[M]. 北京：世界图书出版公司，2010.

"坡芽歌书"的审美认知

【摘　要】 2006年于云南富宁县坡芽村被挖掘出来的图载歌书"坡芽歌书",以其独特的形态内涵及意义价值引起多方关注。就美学范畴而言,其审美认知、审美价值判断及审美情感的探讨皆为较有意义的学术问题,本文侧重审美认知过程的分析,从"坡芽歌书"的感性认知和理性认知两个方面展开论述,结合感官感受及基本要素、结构及分类加以阐释,力图呈现"坡芽歌书"之美。

【关键词】 云南富宁　壮族　"坡芽歌书"　审美认知

　　长期以来,学界普遍认为,壮民族的歌谣传承全靠世代口耳相传,没有文字记载。而2006年在云南文山壮族苗族自治州富宁县发现的"坡芽歌书",则更新了这一观点:壮族的歌谣不仅口耳相传,且有记载。"坡芽歌书"由绘在一张壮族自织土布上的81个图符组成,每个图符代表一首固定的情歌。它是用竹签蘸上仙人掌汁绘制而成。以别致的结构、浓缩的表征、丰富的内涵和特殊的传承而独树一帜。

一、"坡芽歌书"的审美感性认知

　　"坡芽歌书"的审美感性认知包含通感(联觉)、错觉与幻觉、联想与想象三个部分。在壮族情歌的历史上,审美感性认知是审美认知过程中一个必不可少的重要环节。

（一）通感（联觉）

通感是一种感觉引起其他感觉或兼有其他感觉，两种感觉互相重叠、交融，心理学中叫联觉。如"甜蜜的声音"，声音本来是听觉感受，甜蜜是味觉感受，形成听味通感，再如朱自清《荷塘月色》中的"微风过处，送来缕缕清香，仿佛远处高楼上渺茫的歌声似的"。清香乃是嗅觉，歌声乃是听觉，作者将两种感觉互通，即为通感。

在"坡芽歌书"中，通感现象随处可见。如第七首："沿河往下行，思竹十五丛，丛丛连根生。同阿哥对歌，歌甘如油脂，歌美如河藻，银丝漾清波，漂荡如苇茇。"歌声为听觉，此处形容其"甘如油脂"，甘是味觉感受，听觉和味觉互相交融，形成听味通感。"歌美如河藻"一句中，把属于听觉的歌声视为美丽的河藻，听觉与视觉互通，形成视听通感。

（二）错觉与幻觉

在审美心理中，审美错觉有着十分特殊、奇妙的作用，其可以弥补对象的缺憾，增强美感。审美错觉又叫艺术错觉，是指被人们自觉用来为艺术活动服务的错觉。古往今来，许多的文学作品中都运用了这一手法。如李白的《将进酒》"君不见，黄河之水天上来，奔流到海不复回"虽有夸张意味，却是以错觉为基础的，站在黄河之滨，溯流而眺，水天交融，滔滔河水宛如从天而降。"情人眼里出西施"指的就是审美错觉，人之长相与生俱来，没有十全十美的，总有不如人意之处，但在审美观照下，外貌是会随着主观情感的变化而变化的，在爱她（他）的人眼里，是异常美丽，没有丝毫缺点的。

"坡芽歌书"反映的审美感受也不例外。如第二十六首《俏眼》："妹靓丽撩人，眼角利如剑。未开口先笑，一笑一醉人，醉满床满枕。"壮语中的锋利，更侧重于对锋刃和观察锋芒时的心理感觉。壮族人眼神灵秀锐利不足为奇，此指俏丽动人的眼睛。姑娘的形象在小伙心里安了家，起居所思都放不下。姑娘的笑容让小伙深深陶醉，不能自已，产生了审美错觉：心中的姑娘是美丽无比的，眼睛漂亮传神，未语先笑，是心地善良的表现，更何况那笑容美得令人心旌摇荡。小伙子回到家里，出现幻觉：自己的床上枕上，到处都有姑娘的身影和笑容，仿佛姑娘时刻在身边陪伴自己。

（三）联想与想象

在审美活动中，联想是由甲事物想到乙事物，想象则是异想天开。如李白的《宣城见杜鹃花》就属联想："蜀国曾闻子规鸟，宣城还见杜鹃花。一叫一回肠一断，三春三月忆三巴。"李白在宣城看见杜鹃花，就很自然联系起家乡杜鹃的啼鸣，感觉那啼声是那样悲切凄厉，似乎叫一声肝肠就要寸断一回。李白感知的审美对象原来只是杜鹃花，由于联想，使对象扩充到几千里外的故乡，他的美感不仅来自眼前的"见"，还来自"闻"和"忆"，既来自面前的自然景物，还来自的风物和历史传说，故美感就格外浓烈。

"坡芽歌书"第四十三首《绸裤》："哥说没有妻，哥妻嫩娇娇，绸裤飘飘抖，扭捏哥忙扶，像我有谁顾！"这是女方在试探男方婚否，她想象男方有妻室，且把妻子的娇嫩和穿着神态都想象得活灵活现。第四十五首《棉纱》也如出一辙："哥说没有妻，哥妻在百色卖棉，哥妻在剥隘去卖糖，跟着哥掌秤，跟哥去数钱，比别人富贵。"此处运用了想象，女方想象男方有妻子，并深入想象男方妻子随着男方在百色、剥隘做生意，勾勒了卖棉、卖糖、数钱等行为动作，还想象男方妻子穿着打扮"比别人富贵"，进一步深化了想象的功能。

二、"坡芽歌书"的审美理性认知

"坡芽歌书"的审美理性认知把感性认知不断引向深入，包含基本要素、结构和分类三部分。

（一）基本要素

1. 奇妙的绘画

"坡芽歌书"由81个图符组成，每个图符代表一首固定的情歌。绘制过程中，使用材料就相当独特。其一，画布非纸非木非绸非绢，而是壮族自己织出的白色土布，结实厚重。其二，绘制时用的工具非刻刀毛笔火炭，而是使用壮乡常见的竹子削细制成的竹签。其三，使用的原料非墨非水彩，而是壮乡随处可见的仙人掌新鲜汁液。绘制时，把白色的土布铺开拉平，用竹签蘸上新鲜的仙人掌汁在白色土布上绘制而成，新鲜的仙人掌汁呈鲜红色，绘成后，呈现出来的画面为白底红图，赏心悦目，视觉冲击力很强。

2. 动人的情歌

"坡芽歌书"中共81首情歌。内容上是一个连续的整体。每一个图符表示一首固定的情歌。歌曲最短的有四行，20字；最长的有30行，150字。其是迄今为止发现的惟一用图画文字记录民歌的文献，记录了一对青年男女从相遇相识、相知相恋，到最后相约偕老的情感历程，歌中包含了壮族人民日常生活内容，形象地反映了壮族人民多彩生活和独特民风。歌词情真意切，听之触动人心。

"坡芽歌书"81首情歌中，每一首皆可独立成篇，演唱时用壮语北部方言，男女对唱。句式多为五言，每一首歌长短不一，最短的有四句，长的有几十句。以首尾韵、腰尾韵和尾韵为主要押韵方式，韵律严密和谐。调式上运用壮族地区的"分达捞""分标""分呃哎""分戈麻"等山歌调式，演唱时这四种曲调之中可根据个人喜好随选一种，无任何限制，故每首歌都有四种曲调可供选配。曲调抒情优美，鲜明体现了壮族作为稻作民族的诗性思维特点和艺术技巧，有着十分鲜明的民族地地域特色。

（二）结构

从纵向上看，"坡芽歌书"由81个图符构成，包含了象形、指事、会意等文字结构，从横向看看，则以五言为主的句式结构贯穿始终。其中，象形图符：如第一、五、十五首中的月亮、鹧鸪、石头。指事图符：如第十七、六十五、七十六首中的弯钩、扁担、犁杖。会意图符：如第六、七、二十二首中的刚竹、慈竹、龙眼。自始至终，81首情歌皆以五言句式为主，偶有四句至数十句出现。

（三）分类

从"坡芽歌书"所展示的图符和歌谣内容中，可以分为自然环境和人事物象两大类。

1. 自然环境

自然环境，是"坡芽歌书"所呈现的一个重要部分，涵盖了自然景观和植物、动物三类。

自然景观类。壮族人民对自然有着崇拜和敬畏的心理，在"坡芽歌书"中，星星、月亮、太阳等自然天体出现的次数不少，如第一首就是有关月亮："今夜明月光，月明如镜亮……人前无脸面，做人愧不如。"在壮族地区，月亮代表女性形象。图中画的是下弦月，表示男子思恋心上的姑娘，到了下半夜尚未入睡。歌中赞美了心上的姑娘如明月般皎洁的容貌，写出了自己在姑娘面前自惭形秽的心情。

植物类如芭蕉、紫梅、甘蔗等。"坡芽歌书"中提到的植物，都是壮乡常见植物，而且和壮族人民的日常生活密切相关，每一种植物都有特定的象征意义。壮族人民喜欢芭蕉树，因为芭蕉是一棵树一条心，且有着生生不息的坚毅品质。在壮族地区，除了山林里有许多的野生芭蕉树外，壮族在自己的房前屋后也种上芭蕉树，在"坡芽歌书"第五十一首中提及芭蕉，用它来象征男女双方坚贞不变的爱情。甘蔗也是壮乡常见之物，其重要特性就是甜。"坡芽歌书"第七十一首中用了甘蔗的甜蜜属性来象征二人婚后的日子，形象生动。第三十三、三十四、三十五首歌中均提到了紫梅，指的是当地生长的一种灌木，春天开花，满山红遍，色如桃花，当地人称之为紫梅，是妻子或幸福婚姻的象征。

动物类如鹧鸪、蚂蚱、鸭子等。"坡芽歌书"中所举动物，都和壮族人民日常生活，生产劳动密切相关。如第五首中用鹧鸪来象征小伙，用鹧鸪叫比喻小伙的歌声，男女双方互相试探增进了解。蚂蚱和壮族少女的关系非常密切，常被用来给少女占婚。第十二首男方用油蚂蚱来象征少女，进行试探性的询问，急于想得到更多的姑娘信息。第三十七首女性用笼中鸭来比喻自己失去自由，不能随群嬉戏，独守闺房的苦闷忧愁。

2. 人事物象类

人事物象类中，包含了物象类和行为类。

物象类如木船、弯刀、锯子等。木船在当地很常见，坡芽村所属的剥隘古镇自古以来就是一个重要码头，水路发达，木船是当地人不可或缺的交通工具。第二十四首提到了木船，用七条船装的锡和八条船装的盐来比喻自己对男方的爱情重量。和庞德提出的美的精确理论不谋而合。弯刀也是，第五十三首中画的是一把弯月形的刀，壮族常用来砍沟边草木。第五十六首中提及锯子，也是壮族常用工具，歌中用锯子代表使用锯子的男人，这是男方在试探女方有没有婚嫁。

行为类如同行、煮饭、牵手等。第六十五首《砍扁担》，扁担在壮乡有丰富的文化内涵，常作为定情物赠给心上人，此处砍扁担是指男方与妻子割断情缘。第七十四首标题为《煮饭》，壮族人民是一个稻作民族，一日三餐通常吃米饭，煮饭是重要的一项家务劳动，故此处煮饭不是单纯的煮饭，而是婚后女方要做的家务事。第八十首图为两人牵手，描绘了两人一起劳动、一起生活的情景，象征婚后两人的生活状态。

三、"坡芽歌书"的意象与意象数字重量论

（一）"坡芽歌书"的意象

在我国传统理论中，意象是"人心营构之象"（章学诚. 文史通义[M]. 叶瑛译校注. 北京：中华书局，1985），最早见于《周易·系辞》中："圣

人立象以尽意,设卦以尽情伪。"(周易正义[M].十三经注疏[Z].北京:中华书局,1980:391),此处的"象"指卦象和一切可见之征兆,"意"则指卦象中所包含的意义。王弼在《周易略例·明象》中指出:"夫象者,出意者也""意生于象,故可寻象以观意"(王弼.周易略例[M].王弼集校释[M].楼宇烈校释.北京:中华书局,1980:609)。我国最早使用"意象"一词的是王充,他认为"意象"是指一种有深度的画象:"夫画布熊麋之象,名布为候,礼贵意象,示义。"(王充.论衡·乱龙篇[M].上海:上海人民出版社,1974:248)

"坡芽歌书"的意象具体有四层含义:

其一,审美主体的审美意识与审美客体的审美特性的有机统一。历史上有这样几种观点:刘勰在《文心雕龙·神思》中说"独照之匠,窥意象而运斤"(刘勰.文心雕龙[M].王利器校正.上海:上海古籍出版社,1980)。司空图在《诗品·缜密》是也说到"意象欲出,造化已奇"(司空图.诗品[M].郭绍虞.诗品集解[M].北京:人民文学出版社,1981),他所指的意象,其实就是"人心营构之象",就是指人们在对外物的观照时,想象力与知性达到自己内心的和谐一致,从而在心中生成的意象。可借助郑燮《题画》中的观点来看:"其实,胸中之竹,并不是眼中之竹子也。"(中华书局上海编辑所.郑板桥集[M].北京:中华书局,1962:161)从这个意义上理解,"坡芽歌书"里81幅图案则代表了81个意象,歌书中,此花非彼花,此树非彼树,此鱼非彼鱼,此物非彼物……何也?只因现实的事物早已在壮族传承人心中意化为审美的事物,这些美的事物早就活在她们的心目中,从而能一气呵成构造出"坡芽歌书"的81个意象。

其二,意象指艺术形象。如第四十四首《火烧死》( ):"妹说哥有妻,哥是曾有妻,去年火烧死,前年河淹死。前晚刚吃斋,昨晚刚脱孝。哥未讨新娘,哥未续后妻。"火烧死的妻子形象,其实是男方在向女方发誓自己是单身时,根据壮族民俗塑造出来的一个艺术形象,只存在壮族的民间传说中。

其三,意象指自然景物。如第五十四首《星星》( ):"空有满天星,月出才光明。天下人无数,独爱你一人。"此处用了比的手法,出现了两对对比的关键词:满天星——月亮 天下人——你。将满天繁星比作天下女子，将"月亮"比作"你"——我的心上人。虽然从数量上看是星星多，但是月亮的唯一让我把它比作你，"我"唯一喜爱的人，表达了男方对女方真挚的情感和执着的程度。

其四，意象指人物的神态动作。如第二十七首《跟你走》（ 足 ）："爱哥想跟去，不合你家礼。怕出事出岔，怕哥家开炸，哥家哗啦垮，莫说我搞垮。哥家哗啦垮，人说我搞垮。"图中画着人的一只脚，表走路，表现了女方决心跟着阿哥并肩同行的强烈愿望。

（二）"坡芽歌书"的意象数字重量论

与中国传统美学意象说以意象进入"玄远之境"，从而沟通自然与人生，可"反观"与"内视"人的精神自由的看法不同，在"坡芽歌书"中，审美意象是有一定重量的。如第二十四首《木船》："爱你情意重，重如七船锡，重似八船盐。爱如前山重，山重比爱轻。爱你最深沉，真爱凝心头，倾心把妹爱。"此处，审美意象为当地壮族常用的木船，用七船锡和八船盐的具体重量来比喻对女方的情感之重。第二十九首《晕死的人》："想妹饭难咽，串粑吃七天，片糕咽八天，走路摇晃荡，出村眼昏花。口吐无唾沫，泡饭咽不下，妹说哥爱不？！"七天吃一个串粑，片糕要八天才咽下，歌中用"七天""一串""八天""一片"等数量词来说明想念心上的姑娘已到了茶饭不思、走火入魔的地步了。

美国诗人庞德曾中肯地指出："象征主义的象征有固定的价值，像算术中的数目，像1，2和7。意象主义者的意象有着可变的意义，像代数中的符号a、b、x……著者必须用他的意象，因为他看到或感到它，而不是因为他认为能用意象来支撑某种信条或伦理体系或经济。"其《地铁车站》充分体现了意象派的创作原则，被看作意象派诗歌的典范："幻影一般出现在人群中的这些面孔/湿漉漉的黑色枝条上开放的许多花瓣。"作为现实人生图景的只是那嘈杂的地铁车站中种种物象，这与诗人心中含有的对都市生活繁忙、拥挤、阴冷的不愉快感受、厌倦情绪相纠合，便意化为了"湿漉漉的黑色枝条"。而诗人内心追寻美的热情又与不时掠过的可爱面孔相融合萌生出了"开放的许多花瓣"。这里没有比喻，没有象征，而就是那"人心营构之象"或"一刹那间情感与理智复合"的产物——意象。

他认为，应该是"准确的物质关系可以象征非物质关系"，认为优秀的艺术应该是"精确的艺术"，"拙劣的艺术不是精确的艺术，是制造假报告的艺术"。其意象主义诗论中吸收了中国诗歌含蓄凝练的特色，同时又强调其意象的"精确性"，甚至提出"一门艺术的检验标准是它的精确性"。在这一点上，"坡芽歌书"是与之相一致的，用具体准确的数字、重量这种物质关系来象征感情这一非物质关系，达到意象的精确性。

"坡芽歌书"是云南富宁县壮族民风和民俗的审美再现，也是壮族人民在精神领域中的一种追求。"坡芽歌书"不仅仅包括鲜明的形象和生动的形式，更包含丰富深刻的内容。它没有受到外来文化的感染和冲击，诞生和传承于土生土长的壮族审美文化土壤中，美丽而不做作，单纯而不单调，表现出壮族人民的心灵需蓥和情感动机。同时，它出自女性的手，折射出母性的光辉、壮乡的秀美、人性的真纯……它所蕴含的美，不仅涵盖了审美认知的感性与理论层面，其中的审美价值判断和审美情感，也有着较为重要的研究价值。

参考文献

[1] 刘冰山．中国富宁壮族坡芽歌书[M]．北京：民族出版社，2009．
[2] 黄懿陆．壮族文化论[M]．昆明：云南教育出版社，2001．
[3] 尤中．云南民族史[M]．昆明：云南大学出版社，1994．
[4] 梁一儒．民族审美文化论[M]．北京：中国传媒大学出版社，2007．
[5] 杨志明，等．云南少数民族传统文化研究[M]．北京：人民出版社，2009．
[6] 李健夫．文学审美透视[M]．成都：四川大学出版社，1998．
[7] 艾兹拉·庞德．神州集[M]．上海：上海外语教育出版社，2001．

审美实践

澄江帽天山古生物化石群创意作品的美育实践

【摘　要】1987年4月，我国正式向世界公布在云南澄江发现古生物化石群，这一消息轰动了地质古生物界，在国际上被誉为"二十世纪最惊人的发现"之一，2001年帽天山被国家批准为国家地质公园，为旅游者提供了一个科学考察旅游胜地。玉溪师范学院湄公河次区域民族民间文化传习馆指导学生运用绝版木刻、木雕、陶艺等艺术手法，进行澄江帽天山古生物化石群创意作品创作和展出，是艺术与科学的结合，是美育实践的具体体现。

【关键词】帽天山古生物化石群　　创意作品　　美育实践

美育又称审美教育或美感教育，是借助自然美、社会美和艺术美，培养人们正确的审美观、高尚的道德情操和感受美、鉴赏美、创造美的能力，从而提高综合素质，促进全面发展的教育。美育要通过各种艺术以及自然界和社会生活中美好的事物来进行。美育随着人们的审美活动和艺术的产生而产生，美育以陶冶我们的情操为目的，从而使人们具有美的理想、美的情操、美的品格、美的素养，具有欣赏美和创造美的能力。运用绝版木刻、木雕、陶艺等艺术手法，进行澄江帽天山古生物化石群创意作品创作和展出，是艺术与科学的结合，是美育实践的具体体现。

本次创意作品创作表现的主角是澄江帽天山古生物化石群，它的发现，在国际上被誉为"二十世纪最惊人的发现"之一，再现了5.3亿年前的寒武纪早期海洋生物的真实面貌，是目前世界上所发现的最古老、保存最好的一个多门类动物化石群，生动如实地再现了当时海洋生命壮丽景观和海洋动物的原始特征，填补了地球早期生命演化的一个空白，为研究地球早期生命起源、演化及远古时代动植物生活习性、繁殖方式、生态环境，提供了十分珍贵的实物证据；为"寒武纪大爆发"这一非线性突发性演化提供了科学事实，对达尔文渐变式进化理论产生了重大的挑战，为回答人类所关注的多样性的起源和演化这一重要科学问题提供了一个最佳的"窗口"和丰富的科学依据；对研究地质时期古地理、古气候、地球的演变、生物的进化等具有不可估量的价值；为探索地球上生物的大批死亡、灭绝事件研究，提供罕见的实体；长期以来，玉溪师范学院湄公河次区域民族民间文化传习馆（以下简称传习馆）以灿烂优秀的民族民间文化为主题，开展抢救保护、传承习得和产业开发等一系列特色活动。自从2013年12月6日，传习馆精心挑选了2000余件师生作品，参加由玉溪市澄江县化石地世界自然遗产管理委员会、澄江县人民政府主办的"创意帽天山、认识寒武纪——澄江化石地艺术创意与科普展览"活动起，创意作品就吸引了众多参观者的目光，引起相关专家学者的密切关注，均予以充分肯定。这种科学研究与艺术手段相结合的方式，为当前高校探索美育实践提供了一条新的思路。

一、澄江帽天山古生物化石群简介

（一）澄江帽天山地理位置

澄江地理位置在云南省中部、昆明市东南面，属于云南省玉溪市管辖的一个县，距省会昆明52公里，距玉溪市87公里。澄江县东隔南盘江与宜良、石林县相望，西与晋宁、呈贡县接壤，南跨抚仙湖与江川、华宁两县为邻，北衔阳宗海与宜良毗连。帽天山是澄江坝子东面东山的一座山峰，方圆不到1公里，海拔2026米，地理坐标：东经102°57'30"，北纬24°39'30"，距澄江县城8公里，距抚仙湖6公里，因形如一顶草帽而得名。

澄江旅游资源、矿藏资源丰富，化石众多。澄江境内有抚仙湖、阳宗海两大高原湖泊，是云南省人民政府批准的省级旅游度假区。抚仙湖景色优美，明朝著名诗人杨升庵曾赞美其"澄江色似碧醍醐，万顷烟波际绿芜。只少楼台相掩映，天然图画胜西湖。"澄江的矿藏有煤、铁、铅、铜、石英砂、石灰石、磷等，尤其是磷矿，总储量6.4亿吨，品位高、易开采。澄江生物种群多样，从滇中第一高峰梁王山到抚仙湖底，有生物物种2953个。帽天山陈列着世界闻名、距今5.3亿年的"稀世珍宝"——古生物化石群。也正是帽天山古生物化石群，使澄江瞬间名扬世界。

（二）古生物化石群的发现

帽天山其貌不扬，原也没有什么名气，一个偶然的机遇，使其声名远扬。1984年7月1日下午3点钟左右，中科院南京地质古生物研究所的侯先光在离帽天山不远的洪家冲，发现了第一块寒武纪早期的无脊椎动物化石，后来被鉴定为是"长尾纳罗虫"。接着，侯先光又在帽天山上陆续发现了节肢动物、水母、蠕虫等多种古生物化石。此后的20多年间，有20多个国家的200多位古生物学家来到帽天山，展开早期生命研究，有英国牛津大学、剑桥大学，美国哈佛大学、加州大学，法国里昂大学，瑞典国家自然历史博物馆和日本东京大学等。国际权威学术刊物《自然》《科学》也开始向全世界描述在5.3亿年前的寒武纪，地球生命曾在云南澄江集体爆发的壮观场景。人们把帽天山称为是"世界古生物的圣地"，编入了联合国"全球地质遗址预选名录"，成为"代表地球的重要历史阶段并包括生命记录突出的模式"。2012年7月2日，在圣彼得堡，帽天山通过投票被正式列入世界自然遗产名录。

帽天山化石经确认，为距今5.3亿年的无脊椎动物化石，是当今世界最古老、最完整的软体动物化石，其中有奇虾、云南虫等。随后，我国古生物学家进驻帽天山，采集了万余块寒武纪早期动物化石标本，从低等的海绵动物到高等脊索动物，几乎所有的现存动物门，还有许多现在已经灭绝的动物类群，都可以在澄江动物群中找到它们各自的代表，经认真研究分类，共有40多个动物化石门类178属200余种，标本保存完好，有的动物口腔构造、体内肠管都清晰可见，为研究地球生命史提供了重要的依据。正是帽天山这些神奇的古生物化石群，使澄江瞬间名扬世界。

（三）价值和意义

澄江帽天山古生物化石群的发现，在国际上被誉为"二十世纪最惊人的发现"之一，其价值和意义在于：澄江帽天山古生物化石群再现了5.3亿年前的寒武纪早期海洋生物的真实面貌，是目前世界上所发现的最古老、保存最好的一个多门类动物化石群，生动如实地再现了当时海洋生命壮丽景观和海洋动物的原始特征，填补了地球早期生命演化的一个空白，为研究地球早期生命起源、演化及远古时代动植物生活习性、繁殖方式、生态环境，提供了十分珍贵的实物证据；为"寒武纪大爆发"这一非线性突发性演化提供了科学事实，对达尔文渐变式进化理论产生了重大的挑战，为回答人类所关注的多样性的起源和演化这一重要科学问题提供了一个最佳的"窗口"和丰富的科学依据；对研究地质时期古地理、古气候、地球的演变、生物的进化等具有不可估量的价值；为探索地球上生物的大批死亡、灭绝事件研究，提供罕见的实体；通过澄江节肢动物的研究，对节肢动物分类关系和原始特征有了一个清楚的认识，修正了某些同类生物群原先研究中的错误观点。帽天山被云南省政府公布为省级自然保护区，相关部门还筹建了澄江帽天山古生物化石群博物馆，2001年帽天山被国家批准为国家地质公园，为旅游者提供了一个科学考察旅游胜地。

二、澄江帽天山古生物化石群创意作品

为使艺术与科学完美结合，使得科学因为艺术而生命长存，艺术因为科学而更有意义，玉溪师范学院湄公河次区域民族民间文化传习馆采用绝版木刻、木雕、陶艺等艺术表现形式，打造云南本土非物质文化遗产"5.3亿年前宇宙大爆发物种起源的帽天山云南虫古生物化石群"的创

意创新项目作品,通过艺术的手法为人们再现了寒武纪古生物的百变形态,为玉溪人民乃至全世界提供了澄江帽天山古生物化石群创意创新作品视觉盛宴。同时,以艺术的形式打造玉溪帽天山的名牌效应,对艺术专业发展具有推动作用,对课程也是一种延伸,通过这样一种活动,使相关知识能力在社会上得到认可,实现知识的价值。

绝版木刻省级精品课程

(一)绝版木刻创意作品

绝版木刻,是油印套色木刻的一种,属于凸版画,是在同一块板上完成几次刻版、套色、印刷,优点是省板,缺点是作品完成时原版已毁,成了绝版作品。这种毁版,并不是木刻者进行的毁版,而是绝版木刻成画条件之一,成画的过程,自己毁版,断了再印刷的后路,是一种不能再印刷的版画,所以叫它为"绝版木刻",有的人还将绝版木刻作品视为真正的艺术品。绝版方法创作的作品,因颜色的多次重叠堆积,所以完成后的作品要比其他版种使用的颜色厚重得多,作品色彩浓郁、层次鲜明。

(二)木雕创意作品

木雕是雕塑的一种,在我国常被称为"民间工艺",是从木工中分离出来的一个工种，是以锋利的手工工具刻凿加工木质物件的艺术。木雕工艺品纯手工立体雕刻，产品形象逼真，生动可爱，做工精致。高校师生运用传统的木雕工艺来表现帽天山古生物化石群，把科学与艺术融为一体，实现了艺术服务科学，教育服务社会的高校办学宗旨。

情景化教学实践

（三）陶艺创意作品

陶艺，广泛讲是中国传统古老文化与现代艺术结合的艺术形式。陶艺分为传统陶艺和现代陶艺，传统陶艺指使用传统技法来从事创作的陶瓷器，传统陶艺无论如何发展都有"器"的约束；现代陶艺是艺术家以陶瓷材料为创作媒介，以个性化的手法表现现代人的理想、个性、情感、心理、意识以及审美等哲学理念的一种艺术形式，现代陶艺扩大了原有陶艺的艺术属性，使陶艺家不受制"器"的限制，可以在其审美和价值批判领域里驰骋。

运用陶艺灵活生动的表现形式来开展帽天山主题的艺术活动，旨在落实艺术普及、宣传科学、教育服务地方文化、经济的艺术教育理念，为推进玉溪的科技和艺术文化名片打造贡献良性力量。

不仅如此，玉溪师范学院湄公河次区域民族民间文化传习馆还创造出了一批帽天山古生物化石群为主题的民间刺绣、创意设计、绘画、手工艺等内容丰富的创意作品，受到社会各界人士的好评。

054//族群记忆与审美观照

三、创意作品美育实践调查

美育就是通过美的情感、美的言辞、美的理性、美的气度、美的结构,揭示新思想、新学科的科学性、真理性来点燃学生的学习热情,使之受到美的熏陶、美的启迪,培养学生对科学与真理的美好追求,扩大学生的视野,加深学生对客观世界的认识,促进其智力的发展,从而开发学生智力。鉴于此,针对澄江帽天山古生物化石群创意作品,在创作和展出过程中,是否真正起到了美育的功效,抽取了100人进行实践调查。参与调查的100人中,49人对参展作品给出了逼真、生动、有趣的评价,15人给出了生动、有趣的评价,17人给出了逼真、有趣的评价,12人给出了逼真、生动的评价,只有5人给出了其他、2人给出了一般的评价。从评价情况来看,参观者对参展作品是满意的,对创意设计是认可的,当然,也有不尽如人意之处,需要不断总结、完善、改进和提高,使创意作品更好地发挥传播知识、陶冶情操的作用。

(一)调查设计

问卷调查是社会生活状况调查、社会问题调查、市场调查、民意调查等大量采用的调查形式,它是采用一种预先设计好的结构化、标准化的问卷作为资料收集工具的一种调查方式。问卷调查的实现方式多种多样,比如邮寄自填、面访、集体访谈、电话调查、互联网调查等。

由于澄江帽天山古生物化石群创意作品美育实践活动参与者有创意作品的创作者、欣赏者、参观者,包括老师、学生、公务员及社会人士等,实践活动贯穿帽天山实地考察、创意作品设计制作、创意作品展览等一系列过程中,问卷调查也就不能一次完成,问卷调查也不拘于某一种形式,而是综合运用实地走访、面访、集体访谈及填写问卷等方式。

1. 调查目的

通过调查,了解掌握人们对帽天山古生物化石群的认知、创意作品产生的社会效应以及存在的问题,为帽天山古生物化石保护、打造云南的世界级非物质文化遗产、提升本土文化的历史及经济价值、推动美丽玉溪建设提供有针对性的建议。

2. 调查方式

通过到帽天山实地考察，设计调查问卷，对创意作品设计制作者走访、座谈，结合澄江帽天山古生物化石群创意作品展，对参观展览者进行发放调查问卷，讲解调查问卷填写方式，确保调查问卷填写有效，对部分不常写字的调查对象，由调查对象本人口述，别人代为填写的方式进行调查。调查完毕，对调查结果进行整理，并用spss综合统计分析软件进行统计分析，得出调查结论。

3. 调查对象

调查对象为澄江帽天山古生物化石群创意作品的创作者，参观创意作品展的老师、学生、公务员及社会人士等，包括不同性别，老年、少年、青年、中年不同年龄段的人员。随机抽取100人参与调查。

4. 调查假设

（1）假设不同性别人员对帽天山古生物化石群的认知程度存在显著差异。

（2）假设不同年龄段人员对帽天山古生物化石群的认知程度存在显著差异。

（3）假设不同职业人员对帽天山古生物化石群的认知程度存在显著差异。

（4）假设不同类型人员对创意作品的美育功效的认知程度存在显著差异。

（二）调查问卷编制

要确保问卷调查可信、有效，客观真实反映事物的本质，必须精心编制调查问卷，并遵循一定的原则和步骤。

1. 调查问卷编制的基本原则

（1）编制的调查内容能达成调查目的，防止调查失败。

（2）编制的调查内容不涉及个人隐私，防止调查对象不愿配合调查。

（3）编制的调查内容要便于填写，防止调查对象不愿意答卷。

（4）编制的调查内容要便于调查结果的整理和分析。

2. 调查问卷编制的基本步骤

（1）明确调查目的。

（2）确定调查内容及项目。

（3）确定问卷类型。

（4）确定问题的措辞。

（5）初步编制问卷。

（6）问卷试答及评估。

（7）问卷修订完善。

（8）问卷订稿。

3. 调查问卷内容

为达成调查目的，遵循编制调查问卷的基本原则和基本步骤，编制问卷如下：

帽天山古生物化石群创意作品美育实践调查问卷

说明：在所选答案字母上打钩，除标示为多选外，其余为单选。

问卷编号：×××

1. 你的性别。

    A. 男   B. 女

2. 你的年龄：

    A. 20岁以下   B. 21~30岁

    C. 31~50岁   D. 50岁以上

3. 你的文化程度（含在读）：

    A. 没上过学   B. 小学   C. 初中

　　　　D. 高中　　　　　E. 专科　　　　F. 本科　　　G. 研究生
4. 你的职业：
　　　　A. 学生　　　　　B. 老师
　　　　C. 公务员　　　　D. 其他社会人士
5. 你所属类别：
　　　　A. 创意作品创作者　B. 有组织的参观者　C. 其他参观者
6. 你是哪里人？（选长期居住地）
　　　　A. 澄江　　　　　B. 玉溪（除澄江）
　　　　C. 云南（除玉溪）　D. 云南省外
7. 你去过帽天山吗？
　　　　A. 是　　　　　　B. 否
8. 参观前你知道帽天山古生物化石群是怎么被发现的吗？
　　　　A. 知道　　　　　B. 不知道
9. 参观前你知道帽天山古生物化石的考古意义吗？
　　　　A. 知道　　　　　B. 知道一些　　　C. 不知道
10. 参观前你知道帽天山古生物化石群被列入世界自然遗产吗？
　　　　A. 知道　　　　　B. 不知道
11. 参观前你对帽天山古生物化石的认知程度
　　　　A. 不了解　　　　B. 了解一些　　　C. 非常熟悉
12. 参观前你曾经在什么地方见过帽天山古生物化石吗？（多选）
　　　　A. 澄江县世界级物质文化遗产博物馆
　　　　B. 玉溪市博物馆
　　　　C. 帽天山古生物化石群遗址
　　　　D. 电视或网络媒体
　　　　E. 没见过
13. 参观前你能叫出几种帽天山古生物化石的名称？
　　　　A. 0种　　　　　B. 1~3种　　　　C. 4种以上
14. 参观后你认识的帽天山古生物化石名称（多选）
　　　　A. 云南虫　　　　B. 奇虾　　　　　C. 抚仙湖虫
　　　　D. 中华微网虫　　E. 更多

15．参观后你对帽天山古生物化石感兴趣吗？
　　　A．是　　　　　B．否　　　　　　C．无所谓
16．参观后你会对别人宣讲帽天山古生物化石的相关知识吗？
　　　A．是　　　　　B．否　　　　　　C．看情况
17．你最感兴趣的一类参展作品是什么？
　　　A．绝版木刻　　B．木雕　　　　　C．陶艺　　　D．其他
18．参观前你了解绝版木刻吗？
　　　A．了解　　　　B．不了解
19．你对绝版木刻感兴趣吗？
　　　A．是　　　　　B．否
20．参观前你动手体验过绝版木刻吗？
　　　A．是　　　　　B．否
21．参观时你动手体验绝版木刻了吗？
　　　A．是　　　　　B．否
22．你对参展作品的评价（多选）
　　　A．逼真　　　　B．生动
　　　C．有趣　　　　D．一般　　　　　E．其他
23．参观后你认为有收获吗？
　　　A．很大　　　　B．有一点　　　　C．没有
24．参观后你认为自己增长了哪些知识？（多选）
　　　A．帽天山古生物化石知识　　　B．绝版木刻知识
　　　C．木雕知识　　　　　　　　　D．陶艺知识
　　　E．审美知识
25．参观后你认为帽天山古生物化石具有哪些重大的价值和意义？（多选）
　　　A．考古价值和意义　　　　　　B．科普价值和意义
　　　C．审美价值和意义　　　　　　D．创作价值和意义
　　　E．更多
26．参观后你认为以帽天山古生物化石来进行创作有哪些重大的价值和意义？（多选）

A．艺术宣传科学　　　　B．艺术服务科学
C．进行审美实践　　　　D．艺术与科学结合
E．更多

为确保调查质量，避免无效卷或问卷数据缺失，调查过程中，对调查问卷的填写方法进行认真讲解，在回收问卷过程中，对填写完整性和有效性进行检查。

（三）调查结果统计分析

调查完毕，对调查问卷进行整理，设定变量，进行数据编码，数据录入，用spss统计分析软件对调查结果进行统计分析。

1. 原始数据统计表

问卷调查原始数据统计表

项目	A	B	C	D	E	F	G	项目	A	B	C	D	E	F	G
1	55	45	---	---	---			14	96	87	94	83	72	---	---
2	35	34	26	5	---			15	57	29	14	---	---	---	---
3	1	16	14	12	15	35	7	16	77	13	10	---	---	---	---
4	50	13	22	15	---	---	---	17	47	23	22	8	---	---	---
5	12	68	20	---	---	---	---	18	17	83	---	---	---	---	---
6	78	14	6	2	---	---	---	19	57	43	---	---	---	---	---
7	51	49	---	---	---	---	---	20	15	85	---	---	---	---	---
8	57	43	---	---	---	---	---	21	54	46	---	---	---	---	---
9	28	31	41	---	---	---	---	22	78	76	81	2	5	---	---
10	71	29	---	---	---	---	---	23	89	11	---	---	---	---	---
11	43	38	19	---	---	---	---	24	100	79	46	51	52	---	---
12	56	40	51	17	21	---	---	25	100	97	44	51	25	---	---
13	44	39	17	---	---	---	---	26	100	91	59	94	41	---	---

2. 数据编码

问卷调查数据编码表

变量标签	变量名	栏位	长度	变量标签	变量名	栏位	长度
编号	Id	1~3	3	认识的化石名称	Rshsm	19~21	3
性别	Sex	4	1	对化石感兴趣	Hsxq	22	1
年龄	Age	5	1	宣讲化石知识	Xjhs	23	1
文化程度	Whcd	6	1	最感兴趣作品	Zgxqzp	24	1
职业	Zhey	7	1	了解绝版木刻	Ljmk	25	1
所属类别	Leib	8	1	对绝版木刻感兴趣	Mkxq	26	1
哪里人	Nalr	9	1	之前体验绝版木刻	Qtymk	27	1

表1 变量标签*变量名*栏位*长度制表

变量标签	变量名	栏位	长度	变量标签	变量名	栏位	长度
去过帽天山	Qimts	10	1	现场体验绝版木刻	Xtymk	28	1
如何发现化石	Faxhs	11	1	作品评价	Zppj	29~31	3
考古意义	Kgyy	12	1	参观收获	Cgsh	32	1
世界自然遗产	Ziryc	13	1	增长知识	Zzzs	33~35	3
化石认知	Huasrz	14	1	化石价值意义	Hsyy	36~38	3
见过化石地点	Jghsd	15~17	3	创意作品价值意义	Zuopjz	39~41	3
叫出化石名称数	Hsms	18	1	---	---	---	---

3. 调查对象结构分析

（1）男女比例情况。

调查对象男女比例如图1所示，参与调查的100人中，男性为55人，占调查总人数的55%；女性为45人，占调查总人数的45%。男女比例基本相当，故不会因男女比例不当，对调查结果产生显著影响。

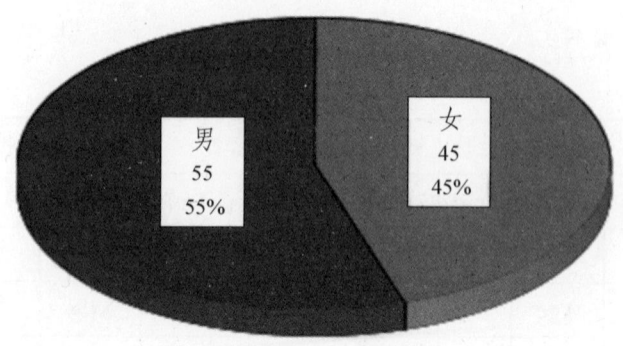

图 1 男女比例情况

（2）年龄结构及文化程度情况。

调查对象年龄结构及文化程度情况如表 2 所示，参与调查的 100 人中，20 岁以下的 35 人，21～30 岁的 34 人，31～50 岁的 26 人，50 岁以上的 5 人。体现了参与美育实践活动的人员以中青年和少年儿童为主，而且各种文化程度人员均有，其中以小学、初中、高中、专科和本科居多，研究生也有一定比例。

表 2　年龄＊文化程度　交叉制表

		文化程度						合计
		没上过学	小学	初中	高中	专科	本科	研究生	
年龄	20 岁以下	0	15	12	8	0	0	0	35
	21～30 岁	0	0	0	2	2	28	2	34
	31～50 岁	0	0	1	2	11	7	5	26
	50 岁以上	1	1	1	0	2	0	0	5
合计		1	16	14	12	15	35	7	100

（3）职业及类别情况。

调查对象职业及类别情况如表 3 所示，参与调查的 100 人中，学生为 50 人，其中有参与创作人员和参观者，以参观者为主体；老师为 13 人，其中创作者 5 人，参观者 8 人；公务员 22 人，均为有组织的参观者；其他社会人士 15 人，均属其他参观者。说明参与美育实践活动的人员中，大部分为组织行为，个人自愿行为的人不是很多。

表3 职业*所属类别 交叉制表

		所属类别			合计
		创意作品创作者	有组织的参观者	其他参观者	
职业	学生	7	38	5	50
	老师	5	8	0	13
	公务员	0	22	0	22
	其他社会人士	0	0	15	15
	合计	12	68	20	100

（4）人员所属地域情况。

调查对象所属地域情况如图2所示，调查对象为哪里人按长期居住地来统计，由于澄江帽天山古生物化石群创意作品展在澄江举行，所以参与美育实践活动的人员以澄江人为主，其余地方人员随距离的不同，快速减少。

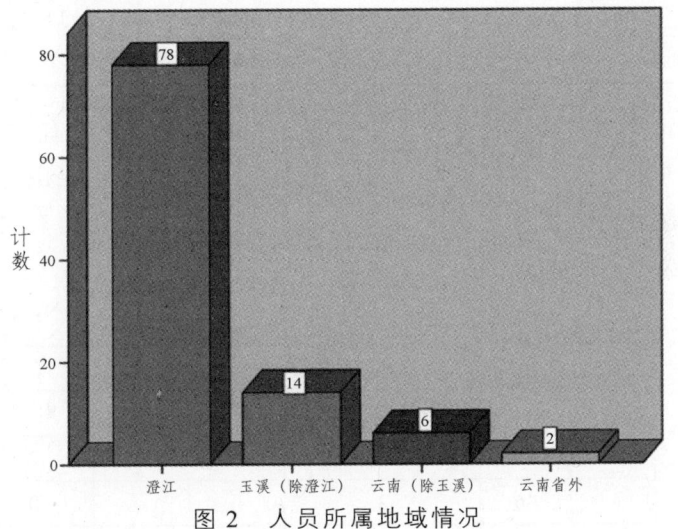

图2 人员所属地域情况

（5）去过帽天山的人员情况。

如表4所示，参与调查的100人中，去过帽天山的为51人，没去过的为49人。其中，50个学生有24人去过，13个老师有12人去过，22个公务员有11人去过，其他社会人士15人有4人去过。

表 4　去过帽天山 * 职业　交叉制表

		职业				合计
		学生	老师	公务员	其他社会人士	
去过帽天山	是	24	12	11	4	51
	否	26	1	11	11	49
合计		50	13	22	15	100

如表5所示，参与调查的12名帽天山古生物化石群创意作品创作者，为了作品能更真实、更准确地反应古生物的原貌，均去帽天山进行了实地考察。而参观者中有一半以上的人没有去过帽天山。

表 5　去过帽天山 * 所属类别　交叉制表

		所属类别			合计
		创意作品创作者	有组织的参观者	其他参观者	
去过帽天山	是	12	30	9	51
	否	0	38	11	49
合计		12	68	20	100

如表6所示，参与调查的人中，澄江人有一半以上没有去过帽天山，而澄江以外的大部分都去过帽天山。说明到澄江参观帽天山古生物化石群创意作品展的外地人，大多是对化石有兴趣的，与化石有关的相关活动他们都会积极参与。

表 6　去过帽天山 * 哪里人　交叉制表

		哪里人				合计
		澄江	玉溪（除澄江）	云南（除玉溪）	云南省外	
去过帽天山	是	32	12	5	2	51
	否	46	2	1	0	49
合计		78	14	6	2	100

4. 对化石的认知程度分析

（1）如何发现化石的认知情况。

表7　如何发现化石* 去过帽天山　交叉制表

		去过帽天山		合计
		是	否	
如何发现化石	知道	43	14	57
	不知道	8	35	43
合计		51	49	100

如表7所示，去过帽天山的人大部分都知道帽天山古生物化石群是如何被发现的，而没去过帽天山的人大部分不知道帽天山古生物化石群是如何被发现的。可见，在帽天山古生物化石地进行旅游开发，不仅仅能产生经济价值，更能宣传帽天山，传播科普知识，让更多的人参与对古生物化石的了解和保护。

表8　如何发现化石* 职业　交叉制表

		职业								合计	
		学生		老师		公务员		其他社会人士			
如何发现化石	知道	29	58%	10	77%	13	59%	5	33%	57	57%
	不知道	21	42%	3	23%	9	41%	10	67%	43	43%
合计		50	100%	13	100%	22	100%	15	100%	100	100%

如表8所示，不同职业人群对帽天山古生物化石群是如何被发现的，认知程度是不一样的。其中，老师的认知程度最高，13个老师中有10人知道，占老师人数的77%，其次是公务员和学生。

表9　如何发现化石* 哪里人　交叉制表

		哪里人								合计	
		澄江		玉溪（除澄江）		云南（除玉溪）		云南省外			
如何发现化石	知道	38	49%	13	93%	4	67%	2	100%	57	57%
	不知道	40	51%	1	7%	2	33%	0	0%	43	43%
合计		78	100%	14	100%	6	100%	2	100%	100	100%

如表9所示，不同地域人员对帽天山古生物化石群是如何被发现的，

认知程度出人意料，云南省外 2 人均知道化石群是如何被发现的，其次是玉溪人，而澄江本地人的认知却最低。经分析了解，云南省外的 2 人，均是对化石比较感兴趣的，而玉溪人中大部分为帽天山古生物化石群创意作品的创作者，所以他们的认知程度要高一些。

（2）对考古意义的认知情况。

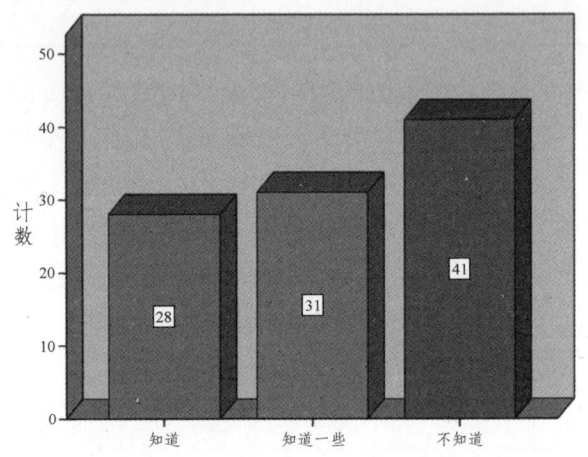

图 3　对考古意义的认知情况

如图 3 所示，参与调查的 100 人中，有 28 人明确表示知道帽天山古生物化石群的考古意义，有 31 人知道一些，但不是很清楚，有 41 人不知道其考古意义。

如表 10 所示，随着文化程度的提高，人们对帽天山古生物化石群的考古意义的认知程度也在提高，说明对事物的认知需要知识的积淀。

表 10　考古意义 * 文化程度　交叉制表

		文化程度							合计
		没上过学	小学	初中	高中	专科	本科	研究生	
考古意义	知道	0	0	0	0	3	18	7	28
	知道一些	0	1	2	5	10	13	0	31
	不知道	1	15	12	7	2	4	0	41
合计		1	16	14	12	15	35	7	100

（3）被列入世界自然遗产的认知情况。

如表 11 所示，参与调查的 100 人中，有 71 人知道帽天山古生物化石群被列入世界自然遗产名录,其余29人不知道。从地域来看,参与调查的云南省外的2人都知道,玉溪人和云南人认知的程度也比较高,澄江本地人虽然知道的比例没其他地方的大,但绝大部分都知道。说明帽天山古生物化石群被列入世界自然遗产名录,不但是玉溪的大事,也是云南乃至全国的大事,各级宣传力度都比较大。

表11 世界自然遗产 * 哪里人 交叉制表

		哪里人								合计	
		澄江		玉溪（除澄江）		云南（除玉溪）		云南省外			
世界自然遗产	知道	52	67%	12	86%	5	83%	2	100%	71	71%
	不知道	26	33%	2	14%	1	17%	0	0%	29	29%
合计		78	100%	14	100%	6	100%	2	100%	100	100%

如表12所示,不同职业人员对帽天山古生物化石群被列入世界自然遗产名录的认知程度也不一样。政府部门对该事的宣传力度比较大,公务员和老师的认知程度比较高,学生群体的认知程度也比其他社会人士高,说明组织行为在对事物的宣传中发挥了较大的作用。

表12 世界自然遗产 * 职业 交叉制表

		职业								合计	
		学生		老师		公务员		其他社会人士			
世界自然遗产	知道	31	62%	13	100%	22	100%	5	33%	71	71%
	不知道	19	38%	0	0%	0	0%	10	67%	29	29%
合计		50	100%	13	100%	22	100%	15	100%	100	100%

（4）对化石的认知情况。

如表13所示,对帽天山古生物化石的认知程度,参与调查的100人中,43人选择不了解,38人了解一些,只有19人选择了非常熟悉。而且不同文化程度的人群对帽天山古生物化石的认知程度存在很大的差异,文化程度越高对化石的认知程度越高。

表 13　化石认知* 文化程度 交叉制表

		文化程度							合计
		没上过学	小学	初中	高中	专科	本科	研究生	
化石认知	不了解	1	16	11	7	3	5	0	43
	了解一些	0	0	3	5	10	20	0	38
	非常熟悉	0	0	0	0	2	10	7	19
合计		1	16	14	12	15	35	7	100

如表14所示，不同类别人员对帽天山古生物化石的认知程度也存在较大差异，创意作品的创作者对帽天山古生物化石的认知程度较高，参观者的认知程度要低一些，并且有组织的参观者和其他参观者的认知程度没有较大差异。说明创意作品的创作者为了创作出好的作品，他们要主动学习、深入求知，而参观者则是被动学习者，求知的欲望因人而异。

表 14　化石认知* 所属类别 交叉制表

		所属类别						合计	
		创意作品创作者		有组织的参观者		其他参观者			
化石认知	不了解	0	0%	33	49%	10	50%	43	43%
	了解一些	0	0%	30	44%	8	40%	38	38%
	非常熟悉	12	100%	5	7%	2	10%	19	19%
合计		12	100%	68	100%	20	100%	100	100%

5. 对化石的宣传效果分析

（1）宣传媒介及其影响力。

政府采取化石展、旅游宣传、电视或网络媒体等手段来宣传帽天山古生物化石，效果是明显的。如表15所示，参与调查的100人中，有79人见过帽天山古生物化石或其影像，只有21人没见过。其中效果比较明显的是建立起澄江县世界级物质文化遗产博物馆，参观人数相对较多；其次是帽天山古生物化石群遗址，由于进行了旅游开发，也有相当一部分人到过现场参观旅游；玉溪市博物馆举办了澄江化石地艺术创意与科普展，虽然在调查人群中，参观的人不是最多的，但调查人群主体是澄江人，由于地域关系，参与调查的100人中能有40人参观，已经是不错的成绩；对于电视或网络媒体的宣传效果，从调查情况来看，结果令人意外，原因是多方面的，电视或网络媒体也许更多地关注新闻效果，宣传的力度也许还不够大。

表15　见过化石地点*　哪里人　交叉制表

		哪里人				合计 (100人)
		澄江 (78人)	玉溪（除澄江）(14人)	云南（除玉溪）(6人)	云南省外 (2人)	
澄江县世界级物质文化遗产博物馆	是	46	8	1	1	56
	否	32	6	5	1	44
玉溪市博物馆	是	28	12	0	0	40
	否	50	2	6	2	60
帽天山古生物化石群遗址	是	32	12	5	2	51
	否	46	2	1	0	49
电视或网络媒体	是	14	3	0	0	17
	否	64	11	6	2	83
没见过	是	18	2	1	0	21
	否	60	12	5	2	79

（2）创意作品展对化石认知的影响.

参观帽天山古生物化石群创意作品展前，参与调查人员能叫出的化石名称数如表16所示，有44%的人不能叫出一种化石名称，有39%的人能叫出1~3种化石名称，17%的人能叫出4种以上的化石名称。其中澄江本地人有一半以上的人叫不出一种化石名称。

如表17所示，参观帽天山古生物化石群创意作品展后，参与调查的100人中，96%的人能认识云南虫化石，87%的人能认识奇虾化石，94%的人能认识抚仙湖化石，83%的人能认识中华微网虫化石，72%的人能认识更多的化石。

表 16　参观前叫出化石名称数 * 哪里人　交叉制表

		哪里人								合计	
		澄江		玉溪（除澄江）		云南（除玉溪）		云南省外			
叫出化石名称数	0 种	40	51%	2	14%	2	33%	0	0%	44	44%
	1~3 种	34	44%	0	0%	3	50%	2	100%	39	39%
	4 种以上	4	5%	12	86%	1	17%	0	0%	17	17%
合计		78	100%	14	100%	6	100%	2	100%	100	100%

表 17　参观后认识的化石名称 * 哪里人　交叉制表

		哪里人								合计（100 人）	
		澄江（78 人）		玉溪（除澄江）（14 人）		云南（除玉溪）（6 人）		云南省外（2 人）			
云南虫	是	74	95%	14	100%	6	100%	2	100%	96	96%
	否	4	5%	0	0%	0	0%	0	0%	4	4%
奇虾	是	66	85%	14	100%	5	83%	2	100%	87	87%
	否	12	15%	0	0%	1	17%	0	0%	13	13%
抚仙湖虫	是	72	92%	14	100%	6	100%	2	100%	94	94%
	否	6	8%	0	0%	0	0%	0	0%	6	6%
中华微网虫	是	63	81%	14	100%	5	83%	1	50%	83	83%
	否	15	19%	0	0%	1	17%	1	50%	17	17%
更多	是	53	68%	14	100%	4	67%	1	50%	72	72%
	否	25	32%	0	0%	2	33%	1	50%	28	28%

可见，采用绝版木刻、木雕、陶艺等创作手法创作的创意作品，生动地展现古生物原貌，通过艺术与科学的有机结合，极大地推动了科普知识的传播。

（3）创意作品展对化石宣传的影响。

帽天山古生物化石群创意作品展，展出的不仅仅是艺术作品，更多的是对蕴含在艺术作品中的帽天山古生物化石知识的科学普及和传播。如表 18 所示，参观展览后，参与调查的 100 人中，有 57 人表示对帽天山古生物化石感兴趣,并且随着文化程度的提高,对化石感兴趣的比例也在提高,说明文化程度越高对知识的接受能力越强,越容易受到感染,越能感受到美的熏陶,越容易产生兴趣。

另一方面,参观展览后,参与调查的100人中,有77人表示会充当化石知识的传播者,会自觉向别人宣讲帽天山古生物化石知识,并且不同文化程度的人员都具有极大的自觉性,没有因文化程度的不同产生大的差异,说明创意作品的感染力和视觉冲击力已经超出了化石本身。

表18 化石宣传* 文化程度 交叉制表

		文化程度							合计
		没上过学	小学	初中	高中	专科	本科	研究生	
对化石感兴趣	是	0	3	7	6	9	25	7	57
	否	1	13	4	6	3	2	0	29
	无所谓	0	0	3	0	3	8	0	14
宣讲化石知识	是	0	11	9	8	13	29	7	77
	否	0	4	3	3	1	2	0	13
	看情况	1	1	2	1	1	4	0	10

如表19所示,参观展览后表示对化石感兴趣的人群中,主要集中在21~30岁和31~50岁的中青年群体中,这一群体的人员文化程度普遍较高,知识阅历比较丰富,欣赏美、享受美、向往美的欲望更强,容易在自觉和不自觉当中对美的事物产生兴趣。同时,不同年龄段的人群,绝大多数表示会宣讲化石知识,这是对科学知识宣传的自觉行为,不会因年龄的不同而产生较大的差异。

表19 化石宣传* 年龄 交叉制表

		年龄				合计
		20岁以下	21~30岁	31~50岁	50岁以上	
对化石感兴趣	是	13	26	17	1	57
	否	19	2	4	4	29
	无所谓	3	6	5	0	14
宣讲化石知识	是	23	30	21	3	77
	否	8	1	3	1	13
	看情况	4	3	2	1	10

6. 对创意作品的认知分析

（1）最感兴趣的创意作品情况。

帽天山古生物化石群创意作品展所展出的创意作品，采用了绝版木刻、木雕、陶艺和刺绣等其他创作手法，是艺术与科学的完美结合，作品形象逼真、生动可爱、色彩浓郁、层次鲜明，给人以美的熏陶、美的享受、美的愉悦，不仅蕴涵了作品所表达的事物的内在美，而且展现了作品的外在美，以及作品创作过程的形式美。

如图4所示，参与调查的100人中，不论是男性还是女性，大多都对绝版木刻作品感兴趣，其次是木雕和陶艺作品，而对刺绣等其他手法创作的作品感兴趣的人数不是太多。不同性别人员对不同类型作品感兴趣的程度也有所不同，男性对绝版木刻和木雕作品更感兴趣一些，陶艺作品男女感兴趣人数相当，而对刺绣等其他手法创作的作品女性更感兴趣一些。之所以有更多的人对绝版木刻作品感兴趣，一个重要的原因在于参观者可以现场体验绝版木刻，可以亲身体验作品的创作过程。

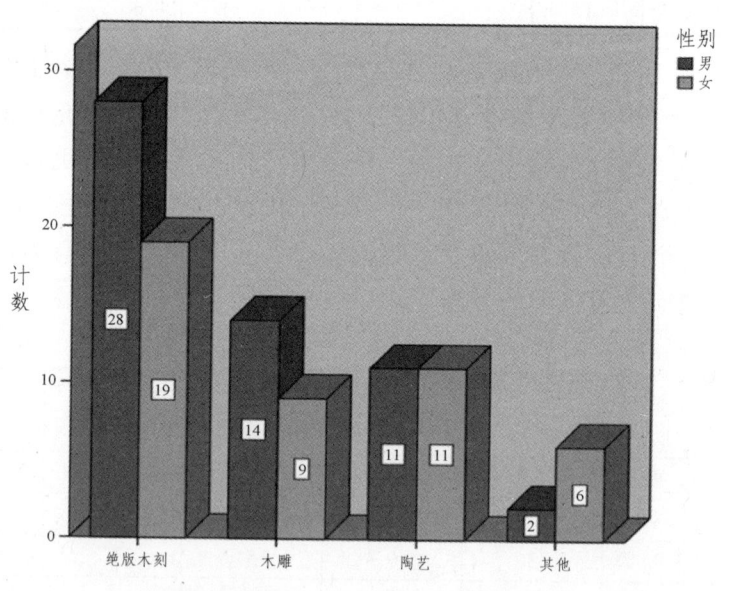

图4 最感兴趣的创意作品情况

（2）对绝版木刻的认知情况。

表 20　认知绝版木刻* 职业* 所属类别 交叉制表

		职业				所属类别		
		学生	老师	公务员	其他社会人士	创意作品创作者	有组织的参观者	其他参观者
了解绝版木刻	了解	8	6	3	0	12	5	0
	不了解	42	7	19	15	0	63	20
对绝版木刻感兴趣	是	29	10	11	7	12	37	8
	否	21	3	11	8	0	31	12
之前体验绝版木刻	是	7	6	2	0	12	3	0
	否	43	7	20	15	0	65	20
现场体验绝版木刻	是	25	6	15	8	0	45	9
	否	25	7	7	7	12	23	11

绝版木刻作品虽然没有木雕作品那么生动、逼真，但其以色彩浓郁、层次鲜明打动人，给人以极大的视觉冲击力。绝版木刻虽然年代久远，但其运用于版画创作却时间不长，因此，了解它的人不多。如表20所示，参与调查的 100 人中，了解绝版木刻的只有 17 人，其中 12 人为创意作品的创作者，经了解，其余 5 人是对绘画比较感兴趣，经常参观画展，在展会上了解一些。而对绝版木刻感兴趣的人有 57 人，除去 12 名创意作品创作者，参观者中有 45 人对绝版木刻感兴趣，而这种兴趣更多来源于现场体验绝版木刻，将自己融入版画的创作过程。在参观帽天山古生物化石群创意作品展之前体验过绝版木刻的有 15 人，包括 12 名创意作品创作者，也就是说参观者中只有 3 人体验过绝版木刻，可见绝版木刻这种创作手法还鲜为人知。现场体验绝版木刻的有 54 人，不包括 12 名创意作品创作者，也就是说人们对绝版木刻这一所谓的新鲜事物具有更浓的兴趣和更大的求知欲望。试想，如果没有现场体验绝版木刻这一环节，也许在参观者头脑中留下的只是轻轻飘过的一丝记忆，随着时间的流淌将不复存在。

（3）对参展作品的评价。

如图 5 所示，参与调查的 100 人中，49 人对参展作品给出了逼真、生动、有趣的评价，15 人给出了生动、有趣的评价，17 人给出了逼真、有趣的评价，12 人给出了逼真、生动的评价，只有 5 人给出了其他、2

人给出了一般的评价。从评价情况来看，参观者对参展作品是满意的，对创意设计是认可的，当然，也有不尽如人意之处，需要不断总结、完善、改进和提高，使创意作品更好地发挥传播知识、陶冶情操的作用。

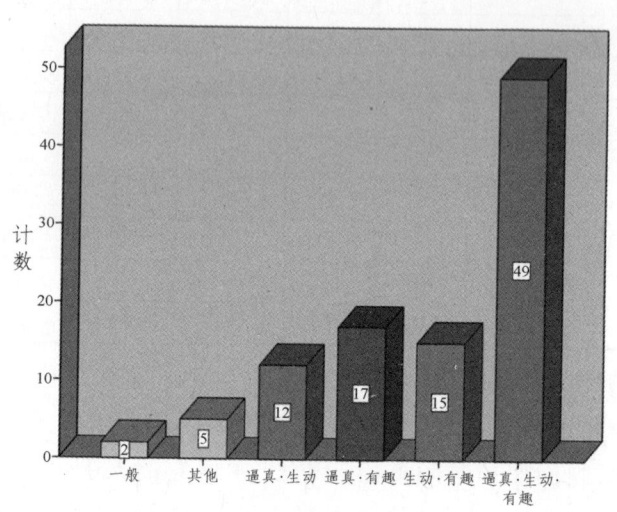

图 5　对参展作品的评价

（4）参观创意作品展后的总体感受情况。

参观展览后，参观者的总体感受，是对展览策划组织人员的最好评价，反映了展览的成败。如表21所示，参与调查的100人中，有89人感到收获很大，有11人感到有一点收获，感到没有收获的为0人。

表 21　参观收获

	很大	有一点	没有	合计
计数	89	11	0	100
百分比	89%	11%	0%	100%

通过参观帽天山古生物化石群创意作品展，人们在感到有所收获的同时，无论从事何种职业的人，都感到增长了知识。如表22所示，参与调查的100人中，有100人感到增长了帽天山古生物化石知识，有79人感到增长了绝版木刻知识，有46人感到增长了木雕知识，有51人感到增长了陶艺知识，有52人感到增长了审美知识。说明绝大多数人对这次

展览是满意的,总体感受是好的,也说明展览是成功的,达到了预期的目的。

表22 增长知识* 职业 交叉制表

		职业				合计
		学生(50人)	老师(13人)	公务员(22人)	其他社会人士(15人)	
帽天山古生物化石知识	是	50	13	22	15	100
	否	0	0	0	0	0
绝版木刻知识	是	36	10	20	13	79
	否	14	3	2	2	21
木雕知识	是	22	10	8	6	46
	否	28	3	14	9	54
陶艺知识	是	25	9	10	7	51
	否	25	4	12	8	49
审美知识	是	29	7	7	9	52
	否	21	6	15	6	48

7. 创意作品展的价值和意义认知分析

(1) 考古及科普意义认知情况。

表23 考古价值意义* 年龄 交叉制表

		年龄				合计(100人)
		20岁以下(35人)	21~30岁(34人)	31~50岁(26人)	50岁以上(5人)	
参观前知道化石的考古意义	知道	0	16	12	0	28
	知道一些	7	13	9	2	31
	不知道	28	5	5	3	41
参观后认为化石有考古价值意义	是	35	34	26	5	100
	否	0	0	0	0	0

如表23所示,参与调查的100人中,参观前知道化石的考古意义的有28人,知道一些的有31人,有41人不知道化石的考古意义。21~30岁和31~50岁两个年龄段的人,由于知识和阅历较为丰富,大多数人都知道化石的考古意义。通过参观帽天山古生物化石群创意作品展,人们

在欣赏创意作品的同时,也接受了教育,参观后参与调查的 100 人都认为化石有考古价值和意义。

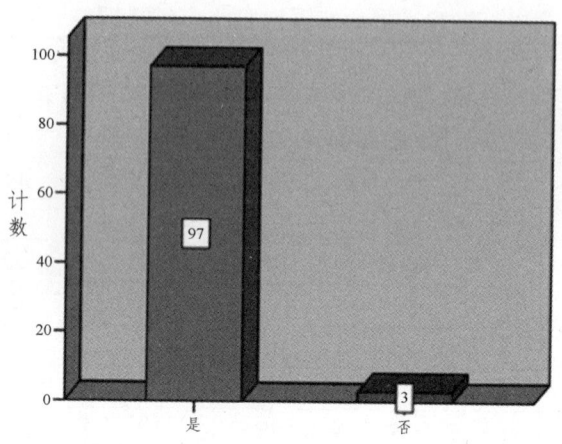

图 6 科普价值和意义认知情况

如图 6 所示,参观帽天山古生物化石群创意作品展后,参与调查的 100 人中,有 97 人认为帽天山古生物化石具有科普价值和意义,说明绝大多数人确实在参观展览中获取了知识,得到了教育。

(2)审美价值和意义认知情况.

审美就是欣赏、辨别、领会事物或艺术品的美,简单地说就是一个人对一件事物的感受,审美似乎是一个抽象的概念,以至于人们很难将它与化石建立起联系。如表 24 所示,参与调查的 100 人中,只有 44 人认为帽天山古生物化石具有审美价值和意义,而且性别不同,这种认知存在着显著差异,女性的审美认知要高于男性,有 60%的女性认为有审美价值和意义,而只有 31%的男性认为具有审美价值和意义。

表 24 审美价值和意义 * 性别 交叉制表

		性别				合计	
		男		女			
审美价值和意义	是	17	31%	27	60%	44	44%
	否	38	69%	18	40%	56	56%
合计		55	100%	45	100%	100	100%

另一方面,从表 25 中可以看出,审美认知与文化程度也有一定的关

系，不同文化程度的人群，对审美的认知程度也有差异，随着文化程度的提高，人们的审美认知能力也会提高，也就是说审美认知能力也有一个培养提高的过程。

表25　审美价值和意义＊ 文化程度 交叉制表

		文化程度							合计
		没上过学	小学	初中	高中	专科	本科	研究生	
审美价值和意义	是	0	1	2	6	9	20	6	44
	否	1	15	12	6	6	15	1	56
合计		1	16	14	12	15	35	7	100

（3）创作价值和意义认知情况。

创作的源泉来源于自然、来源于生活、来源于社会实践，对这一观点人们似乎都会认同，但将化石与创作联系起来，这种认知却出乎意料。如表26所示，参与调查的100人中，只有51人认为帽天山古生物化石具有创作价值和意义，而且这种认知与文化程度也有关系，文化程度越高，这种认知的人数比例越大。

表26　创作价值和意义＊ 文化程度 交叉制表

		文化程度													合计
		没上过学		小学		初中		高中		专科		本科		研究生		
创作价值和意义	是	0	0%	3	19%	4	29%	5	42%	8	53%	24	69%	7	100%	51
	否	1	100%	13	81%	10	71%	7	58%	7	47%	11	31%	0	0%	49
合计		1	100%	16	100%	14	100%	12	100%	15	100%	35	100%	7	100%	100

文化程度高，年龄也相应较大，但不能认为年龄越大认为帽天山古生物化石具有创作价值和意义的人数比例越大，如表27所示，21～30岁和31～50岁这两个年龄段的人群，由于前者成长在新中国成立后，受教育程度较好，文化程度较高，因而认为帽天山古生物化石具有创作价值和意义的人数比例较大，而50岁以上的人群，由于他们成长的年代，我国教育水平还不是很高，他们的学历层次不是很高，因而具有这种认知的人不是很多。

表27　创作价值和意义 * 年龄　交叉制表

		年龄				合计
		20岁以下	21~30岁	31~50岁	50岁以上	
创作价值和意义	是	7	24	19	1	51
	否	28	10	7	4	49
合计		35	34	26	5	100

（4）创意作品价值和意义的认知情况。

表28　创意作品价值和意义 * 文化程度　交叉制表

		文化程度							合计 (100人)
		没上过学(1人)	小学(16人)	初中(14人)	高中(12人)	专科(15人)	本科(35人)	研究生(7人)	
艺术宣传科学	是	1	16	14	12	15	35	7	100
	否	0	0	0	0	0	0	0	0
艺术服务科学	是	1	15	12	11	13	32	7	91
	否	0	1	2	1	2	3	0	9
进行审美实践	是	0	3	5	6	13	26	6	59
	否	1	13	9	6	2	9	1	41
艺术与科学结合	是	1	15	13	12	13	33	7	94
	否	0	1	1	0	2	2	0	6
更多	是	1	4	3	4	5	18	6	41
	否	0	12	11	8	10	17	1	59

帽天山古生物化石群创意作品，以帽天山古生物化石为原形，运用绝版木刻、木雕、陶艺、刺绣等其他艺术创作手法，作品蕴涵着科学、成型于艺术，是科学与艺术的完美结合。如表28所示，参与调查的100人中，100%的人认为创意作品是通过艺术的手段来宣传科学，91%的人认为艺术服务科学，94%的人认为创意作品是艺术与科学的结合，41%的人认为还有更多的价值和意义，只有59%的人认为创意作品还具有审美实践的价值和意义，而且文化程度越高这种认知程度也越高，这也让我们认识到美育教育的紧迫性和艰巨性。

继承传统文化　重视以美育人
——以湄公河次区域民族民间文化传习馆美育实践为例

【摘　要】 本文以湄公河次区域民族民间文化传习馆的美育实践为研究对象，从高校美育场的构建、社会多方参与渗透等方面进行探索研究，梳理出亟待解决的若干问题，并提出了解决实施的办法和对策，为传统文化在高校的活态传承及创新发展提供了新的思路。

【关键词】 传统文化　高校传承　美育实践

长期以来，玉溪师范学院湄公河次区域民族民间文化传习馆立足于艺术服务科学、学校服务社会的宗旨，面向全校学生，通过内容丰富、独具特色的系列美育活动和民族民间公选课，培养出一批批经过美育实践，具有一定审美创新能力的生力军，为探索高校美育进程的实践开辟了一条新的途径。

一、开设特色公选课　形成高校美育"场"

2006年，玉溪师范学院顺应民族民间文化保护的国际和国内趋势，依托湄公河次区域民族民间文化的亲缘关系，以传承和保护非物质文化遗产为宗旨，创建了"湄公河次区域民族民间文化传习馆"（以下简称传习馆）。传习馆秉承提高大众"文化自觉性"的科学普及责任，融合社会参观、学术讲座、展览、会议、民间文化产业开发、艺术教育、民间文化保护、科学研究为一体，现已发展成为滇中地区极具特色的民间民族文化的传承、保护、研究中心，成为全省高校在文化保护与传承领域的一面旗帜。多年来，在传习馆的美育活动中，逐步形成了一种美育"场"的格局。

"场"字作为名词时，它表示物质存在的一种基本形态，具有能量、动量和质量，能传递实物间的相互作用，如电场、磁场、引力场等。

传习馆的美育不是对学生进行抽象的理论和空洞的说教，而是用真实可感的形象来教育指导，用美的形象来感染熏陶，从而形成一个强大的美育"场"。传习馆以各项民族艺术研究、创意成果、藏品陈列为基础构成，是一个融博物馆、课堂、艺术沙龙、工作坊为一体的多元立体教学空间，这个空间可使学生自然融入参观、研究、创意、生产、展演和销售的教学链中。

首先，通过传习馆陈列的民族民间文化藏品的美的形象，来引导学生去感受、欣赏、理解民族民间传统文化，让学生在参观时就真切地感受到民族民间传统文化之美，从而激发出其珍惜本土资源、热爱传统文化，热爱中华文明的崇高情感。其次，主要体现于创新型教学环境的设置和参与式、体验式教学活动的开展。当前，传习馆已开设了15门本土化课程，课程涵盖专业实验课与公共选修课，面向全校学生，课程设置有传统木雕、少数民族舞蹈、原生态民歌演唱、民间刺绣、民族音乐、陶艺、绝版套色木刻、民间手工、云南民间美术赏析、葫芦丝吹奏、蜡染、扎染等课程，通过学生亲自动手操作实践，产生了审美体验，激发其对民族民间的传统文化的热爱和民族自豪感，从而进行审美创造，实现了人格的完美提升。尤为关键的是，传习馆构建了一个本土化艺术教育新模式，搭建大学生审美追求的创新平台，将民间艺人聘为高校教师，让他们走进课堂为学生授课，现场展示传统文化的魅力，成为原境教学。他们中的一部分是濒临消失的非遗项目传承人，其课程讲授以及技艺传承，已不仅是一般意义的本土化艺术教育，而是对非物质文化遗产的一种保护与传承，也不仅是探索艺术教育新模式、实现课程开发与理论创新，而是实现了实用性人才培养和健全人格的教育目的。

　　经过多年的努力，传习馆在研究、教学、展示及美育教育的基础上探索尝试民族艺术产业化发展的途径，形成了一种美育"场"的新格局。现已编制本土化课本20册，累计培养学生6000余人，外国留学生800多名。目前为止，公选课学生上交作品8000余件，完成民族艺术类论文和学习心得2000余篇。目前正以各项目制的形式紧密围绕国家政策导向积极拓展美育建设，为学生搭建和谐发展的良性循环平台，从而将美育教育机制自然地融入艺术实践的各个领域之中。

二、联合多方参与、促成全面渗透

　　美育不是高校独立完成的热点挑战，而是整个社会各个层面的全民参与渗透。传习馆通过多年的实践经验，在非物质文化遗产的田野调查真实记录及教育产业活态传承两大有效环节中做出了积极的努力和尝试，并取得了本土资源校园美育实践的成功经验。总结出以原景化教学模式为基础，非遗活态传承为核心的本土化艺术教育，以艺术人类学理论及方法为指导，形成田野——学校——社会三元一体的文化传承体系和教育活动开展模式。以研究、教学、文化产业实验基地建设为传承体系建设目标，努力建设成为以本土文化为根的艺术教育及社会服务体系，实现文化传承实践目标。

　　从2013年起，传习馆与峨山职业技术学院联合举办峨山彝族民间刺绣教学活动，分别开设两期彝族四腔歌舞、彝绣技艺传承培训班，邀请传习馆老师到峨山职业中学教授传统彝族刺绣技法，并邀请彝族四腔传承人李成刚，以及当地彝族刺绣传承人现场教学。2013年在全县各中小学推行花鼓舞课间操，2014年全面启动彝绣进校园活动，2015年稳步全方位推进"非遗"文化进校园实践活动，积极推动了彝文化的活态传承和创新发展。2016年传习馆迈出大众创新的步伐，3月22日，传习馆说艺坊成功举办了"3D打印沙龙 走进玉溪师范学院"主题活动，并与集团签订了校企合作协议，建立长期的创新和人才合作机制。

同时，传习馆利用自身优势与平台积极支持服务地方文化产业开发，通过校地合作、校企合作、校际合作等模式，整合成由学生创意作品设计、新产品研发和原生地、传承人保障的产学研一体机制。先后与玉溪市政府、新平县政府一起成功举办了关于"美丽玉溪——创意花腰傣""美丽玉溪——创意帽天山""美丽玉溪——创意江川"为主题的创意展览活动，承办首届"澄江古生物化石创意作品展"，此后受澄江县政府之邀，到澄江县青少年学生活动中心继续展出。定期开展中小学生夏令营和民间非遗传承人培训工作，与玉溪市博物馆、澄江县博物馆、新平县文化局等科普领域的相关单位建立了长期的合作关系，建有多个非物质文化遗产科普传承基地，与省、市约15家涉及文化产业的企业建立长期合作关系。

三、正视现存问题　梳理当前症结

和德育、智育、体育一样，作为我国社会主义教育方针的重要组成部分，美育正不断地凸显越来越重要的作用。但是，在推行实施过程中，亦存在诸多问题：

首先，理论研究成果有待健全丰硕、实践不足且落实不够、评价难度太大，故美育成了众望所归却任重道远的教育进程。

其次，"美"的感受与个体、社会、群体、年龄、阶层、思想、行为、学科等方面密切相关，它因国家、社会、宗教、信仰不同而不同，因学科专业、行业有不同而不同，因年龄、性别、观点、认识不同而不同，故美育的实施也因人而异，因地制宜。

接下来重点是"育"，它涵盖了如下两条主线的进程：

授者：教→讲→研→论→理论。

受者：参与→自觉实践→娱乐→体验→自主实践。

可以看出，美育的传授者从教到形成理论，中间经历了"讲""研""论"等过程，接受者从自身参与到自主实践中间经历了"自觉实践""娱乐""体验"几个过程，这些过程需要时间的沉淀，并非一蹴而就。美育在整个社会推行的进程过于缓慢，难于全面实施，正是因为它需要较长的时间才看得到效果，周期较长，且目前尚无基本的评判标准。再者，就算有了美育的评判标准，也会因为一些难点而使美育教育陷于僵局，具体表现如下：

（1）急功近利的评判氛围。

（2）缺乏执行者（教师）。

（3）评判标准不明确而难以推行。

但是，时代又急需美育的发展来促进发展，作为美育行业从业者，正如崔彦海教授在首届中国美育学术大会上说："我们没有能力让中国人民富起来，但我们要让中国人民美起来！"要具体实施这个倡议，任重而道远，因此，探索一条美育发展之路势在必行。

四、提出解决方法、探寻实施途径

在中央方针政策的引导和大众需求的前提下，美育的推行时不我待，何况有众多学者、前辈的大量研究成果。为民为社会的责任感。笔者认为，大力推行美育实施，途径如下：

第一，理论支撑：从事美育的专家学者从理论角度，充分分析论证，证明美育推广的难度、重要性和必要性。

第二，成效证明：社会各界、各级部门应在现有条件下，积极进行美育实践，取得美育成果，用大量的事实和成果证明美育的重要意义，以争取国家战略的高度重视和大力支持。

第三，政策推广：克服开展美育活动的经费、美育评价的标准、开展美育活动时间的等困难，联合部分单位进行实验，用实验的结果争取国家支持全面推广。

第四，建立美育实验方向和实验点：以本土化阵地为"美育场"，建立美育实践计划并严格真实记录；选择已有成功经验和成绩证明的初中、小学班级，从"美育"的角度深入挖掘，分析成功背后的美育经验，总结实施方案。

  第五，充分利用今天"国培"的艺术类教师，强化培养其美育能力，发挥其教学中的实验条件，采用比较法选择班级实施美育行动，以年度成绩和学生行为感想作为评判指标，总结成果即成绩全面提升，班级的活动明显突出。抓住每次展演的机会，进行美育合作记录（采访、记录表格）的方式取证记录。用1~2年的时间取得初步成果。班级总结实验、国培行动、展演、美育。以分析报告和实验结果分析确立美育行动实施方案，争取国家立项全国推行。

  美育的目的在于陶冶人的感情，培养人的高尚兴趣、道德情感，培养积极进取的人生态度，给人追求高尚行为以动力。正如蔡元培先生所言："美育之目的，在陶冶活泼敏锐之性灵，养成高尚纯洁之人格。我们可以这样来认识：陶冶人的感情是美育的直接目的；而净化人的心灵，培养人的高尚兴趣、道德情感、积极进取的人生态度，养成高尚纯洁之人格，给人追求高尚行为以动力，则是美育的根本目的。"[①]面对美育这一繁重而艰巨的系统工程，我们任重而道远!同时，美育所显示出来的生命力是那样的充盈旺盛，相信不久的将来，定会出现一个欣欣向荣的美育的春天!

[①] 蔡元培.创办国立艺术大学之提案[A]//高平叔蔡元培美育论集[C].湖南教育出版社，1987.

诗意栖居

古滇"干栏"建筑形制的美学诠释

【摘　要】据相关文献记载和考古发现，古滇国在中华历史上存在了五百年左右，消失于西汉初年。当前，从澄江学山、晋宁石寨山、江川李家山、剑川海门口等地相继发现挖掘出古滇遗址，考古发掘证明，"干栏"建筑是古滇国的标志性建筑，承载着古滇人的族群智慧、聚落记忆和审美旨趣，形成了独特的古滇建筑群落，是人与自然和谐共生的缩影。本文在实地调研、考古证据和文献资料的基础上，梳理出古滇"干栏"建筑所具备的自然美、形式美、实用美、和谐美等美学特性，并逐层展开论述，在类型丰富的建筑形制中，古滇"干栏"建筑的美学特性丰富充实了我国古代建筑的美学内涵。

【关键词】干栏　古滇建筑　美学内涵

古滇国，一个自战国时期就存在了五百年历史的西南王国，于西汉初年突然神秘消失，诸多史料亦无从查证，其居家住所的建筑形制，曾引起世人无数的推断猜想。幸当前考古发现澄江学山、晋宁石寨山、江川李家山、剑川海门口等古滇遗址，发掘清理出古滇人生活的"干栏"式和井干式房舍遗址和铜铸模型，为后续研究提供了有力的实证支撑。从目前出土的文物来看，"上设房屋，下豢牛豕"的"干栏"建筑居多，"干栏"形成古滇国的特色建筑风格。古滇人在设计建构"干栏"的过程当中，把对自然界的认知有机地融入本土文化特色，从而使"干栏"建筑在具备居住的实用功能之外，还作为古滇人精神外化的建筑艺术形式，见证了古滇地域的文化传统和历史风貌，彰显出古滇人的族群历史、集体智慧和积极向上的进取精神，映射出自然美、形式美、实用美、和谐美等美学特性，极大地丰富了古代建筑的美学内涵。

一、依山顺势的自然美

"干栏"一词，源自《唐书·南蛮传》："南耳僚东距智州、户曲千余里，多瘴疠，山有毒草沙虱、蝮蛇，人楼居，梯而上，名为干栏。"干栏也叫木楼、吊脚楼，多为上下两层。上层一般为3开间或5开间，住人。下层为木楼柱脚，空阔无墙或用竹片、木板或泥土镶拼为墙，可作畜厩，或堆放农具、柴火、杂物。同时，在上层往往另建有望楼、挑楼、抱厦、偏厦等。挑楼是利用出挑来争取空间，扩大使用面积。抱厦作望楼的扩大部分，突出于"干栏"的前部。偏厦相当于半个开间，多设在一年之中风来得最多的方向，以增强"干栏"的侧向抗风力，一般作次要卧房或辅助房间。此外，"干栏"火塘间的近处，室外的向阳面，还设有晒台，供洗涤晾晒等用。整座"干栏"除正门外，上层侧后都开有便门，可通屋后山地。这种建筑选址很科学，坐北朝南，依山傍水，不仅通风、采光、保暖功能良好，而且还可有效地防避瘴气，抵御野兽蛇虫袭击，减少风湿病的发生，在西南地区极具适用性，故沿用至今。[①]

当前，从澄江的学山、晋宁的石寨山、江川李家山、剑川海门口等地考古发现了古滇"干栏"式建筑遗址及铜铸模型，代表了"干栏"式建筑的原始特征。以学山为例：在云南省澄江县境内学山上分布着一定数量的灰坑等遗迹，这是正值面积达15000平方米的聚落，保存相当完整。在F1，1房址结构，F1为一座直接开凿的基岩的半地穴房址……F2，1房址结构，F2为一座"干栏"式建筑，直接建造在基岩上，清理F1时并未发现其为房址，当清理F1南壁外淤土时，才逐渐判明其为一座"干

---

① 冯丽荣．云南壮族坡芽歌书的美学研究[D]．西南大学，2013．

栏"式建筑的一部分。从F2形制来看，属于"干栏"式房址无疑。从地层堆积的包含物来看，其晚期建筑的瓦砾外，其余陶器均为石寨山文化，从墓葬出土的铜制模型来看，"干栏"式是当时人们普遍采用的房屋形制。[①]无论是建筑方式、建筑材料、建筑形态还是周边环境，"干栏"建筑自始至终映射出古滇人依附自然、敬畏自然、丰富自然、和谐自然的审美理念。

干栏式建筑

古滇"干栏"式建筑注重方位朝向、山水脉理等因素。通常情况下，"干栏"建筑选盖在依山傍水之地，地势易守难攻，视线采光通风等功能良好，房前屋后均有树木掩映，与自然融为一体，充分展示了古滇人崇尚大自然，敬畏大自然的原生观点，这一观点在自身居住的"干栏"建筑中充分展现，它们顺应自然、顺应环境，依山就势，依水布陈，与自身所处的自然环境融为一体，组成了千姿百态、空间形态参差错落、天际轮廓起伏多变的妙趣天成的"干栏"景观，从而呈现出谐和共生，天人合一的原生自然之优美，其风格独具，韵味浓烈，质朴自然，蕴含了与环境有机融合的和谐共生的自然美特质。

今天，云南仍有壮族、哈尼族、傣族等十多个少数民族保存着传统

---

① 吉林大学边疆考古研究中心、云南省文物考古研究所、玉溪市文物管理所，等．云南澄江县学山遗址试掘简报[J]．考古，2010（10）：23．

的"干栏"建筑，依山势上下散落，与青山绿水相互映衬，"土黄色的墙，青色的瓦片，房顶正中有图腾作'吞口'，用以辟邪祈福。家家户户房屋连成一片，每家二楼都延伸出一个竹子搭成的晒台，上面晾晒着谷物和衣物。屋舍周边生长着枝繁叶茂的榕树椿树、坠满枝头的芭蕉、翠绿的竹林、间以菜畦点缀其中，懒洋洋的看家狗安静地卧在自家门口，不远处人们在田地里劳作，清风袭来，树影婆娑，竹林摇曳，菜花飞舞，稻香弥漫，蜂蝶嬉闹……无论近赏抑或远观，'干栏'建筑都是一幅绝美的画卷，在远离城市的时日里，无言地表述着人们的生活方式和民俗特点，静静地描绘着自己的精彩"。① 尤为关键的是，建盖"干栏"建筑，它注重生产、生活的便利，也讲究大自然山光水色的掩映衬饰，带有一种功利性的审美追求。惟其如此，庄稼才有生长种植之所，田地才得耕耘灌溉之利，生活才获鲜果柴薪之便，大自然之恩赐才会源源不断，人类才能获取温饱，安居乐业。古滇"干栏"式建筑不仅呈现自然的优美与崇高，还传递着古滇人诗意栖居与美好生活的生态美学智慧，映射出家园意识、审美生存、诗意栖居等特有的美学范式，蕴涵着古滇人追求人与自然和谐共生、天人合一的审美诉求。

二、独具特色的形式美

当前"干栏"建筑模型与遗址的发掘表明，古滇人在社会实践的长期活动中，逐渐发展了自身对各种形式因素的敏感，例如对线条、色彩、形体、声音等形式因素的敏感，并逐渐掌握了这些形式因素各自的特点，而且对各种因素之间的联系加以研究，总结出各种形式美的法则，如单纯齐一、对称均衡、调和对比、比例、节奏韵律、多样统一。考古发掘的古滇"干栏"建筑分布地点之一：澄江县右所镇旧城村的学山聚落遗址，于2010年12月开始考古发掘，清理出土了一个古老的村落遗址：四排规划好的屋舍绝大多部分是上下两层的"干栏"建筑，有极少数的

---

① 冯丽荣．云南壮族坡芽歌书的美学研究[D]．西南大学，2013：23．

井干式建筑。村中道路相连，村子中心有个广场和一个类似用来升旗的平台，屋里有火塘和一些陶瓷碎片。古滇"干栏"建筑分布地点之二为晋宁的石寨山，三号墓出土的"干栏"式铜屋模型，高宽分别为11.2厘米和17厘米，为单体建筑，长脊短檐的双坡面屋顶，顶端有削得尖尖的腰条，呈放射状，视觉冲击力极强，体现了古滇人独特的审美意识。12号墓出土的诅盟场面铜贮宝贝器，呈圆筒形，高为53厘米，盖子上雕有一间房屋，由平台和屋顶两部分组成，平台底部有柱子支撑，顶部分为上下两层，为典型的"干栏"建筑形制。古滇"干栏"建筑分布地点之三为江川李家山，在张增祺先生的《云南江川李家山古墓群发掘报告》中有"房屋形扣饰，房屋为"干栏"式，高10：5（此描述不知是否为笔误），最宽9.5厘米，这种房屋模型曾见于晋宁石寨山3号墓和6号墓"①的文字表述，出土实物外观造型独特生动，想象丰富，张力极强。

　　由此可见，古滇人在建造"干栏"建筑时，除了让它具有遮风避雨、生活栖息的实用功能外，还遵循对称与均衡、节奏与韵律等形式美法则，对其整体结构进行严密的设计布局，对梁柱，门窗甚至屋脊等部位进行装饰美化。通常情况下，"干栏"结构的外观都是整齐统一的，其建筑材料、色彩、形状亦是一致的，楼层为上下两层，上层住人下层养牲畜，体现了单纯齐一的形式美法则。"干栏"建筑的平面布局形式是采用三开间或五开间的，室内布局以堂屋正中的神龛为中心，卧室、厨房、客房则围绕厅堂安排在两侧及后面，如此，神龛处于中轴线位置，形成对称的形式，衬托出神龛的中心地位，具有安静稳定的功能。

　　就建筑色彩而言，"干栏"房屋自身多用实木、翠竹、黄土、青石建造，这些材质与湛蓝色的天空、四周的绿水青山以及漫山遍野的各色山花交相辉映，色彩显得很调和，调和的色彩使人感到舒适、协调、亲近、融和，在变化中保持一致。在美的事物中所包含的比例关系是有条件的，因为人们在美的创造活动中都是按照事物的内在尺度来确定比例关系的。古滇人设计建造"干栏"时，都是与自己的目的要求结合在一起，

---

① 张增祺. 云南江川李家山古墓群发掘报告[J]. 考古学报，1975(2)：135.

考虑到自身的活动要求，如门太低或太窄，出入就不方便，不符合人体的比例，亦不符合门的内在尺度，只有大小调适宽窄都按照人体自身和门自身的内在尺度来确定门的大小尺寸，才会有美感。

此外，"干栏"建筑还体现着节奏与韵律的审美特征，主要表现为有规律的重复和变化，如楼梯、门窗、梁柱等形状的反复回旋而又带有一些间距的变化，同时，又与"干栏"的其他部分呈现出连贯而又变化的节奏，使得"干栏"建筑之美分外独特。

不仅如此，古滇"干栏"式建筑还突破了形式的优美与和谐，映射出古滇人诗意栖居与美好生存的生态美学智慧，亦呈现出审美的生存，诗意的栖居，家园意识等特有的美学范式。

三、格局分明的实用美

建筑形态和功用的营造与变化，本质上都是人类追求美好生活而起的，对"干栏"建筑功能的营造与探索，是古滇人最伟大的艺术创造活动，它的实用功能自始至终贯穿和闪耀着真善美的光辉。古滇"干栏"建筑注重真善美的融入与渗透，它的真就是自身的客观存在，善即满足建造者的功利性目的，达到构建目的和建造要求的功利性空间，"干栏"建筑中，美与真善是紧密联系的，它实现了真善的统一，又高于真善，突破了建筑的实用性功能性，将其升华至文化和艺术的范畴。其格局功能如下：堂屋，即客厅，为公共空间，祭祀祖先、家人聚会议事、亲友走访来往、商办红白喜事和寿诞仪式之重要场所，在堂屋内商办的各种事件对全家人来说都有严肃的意义，为整个建筑的中心部位。

"干栏"建筑中最神圣的部位的是神龛，今天仍供奉"天地君亲师"及祖宗牌位，年节或祭祀之日，由长者统领，全家人聚合齐聚于此，讲忠君报国，讲孝亲友爱，讲仁、义、礼、智、信、忠、恕的人生大义，把个人、家庭、祖先、历史社会和族群紧密联系在一起，维系着个人的前途命运、家庭的生息繁衍、祖先承蒙的荣辱和整个族群的社会利益。

"干栏"建筑中最核心的部位是火塘，据学山遗址考古记载："F1中部有一个袋状火塘，直径约1米，深约1米，火塘内壁基岩表面有明显的火烧痕迹，且烧结痕迹较厚，基岩已被熏为浅黄色。"①无论白天黑夜，亦无论是个人独处、家人共聚抑或亲友走串，皆围火而坐、烧水、做饭、交流、做针线……每一样都与火塘密切相关。火塘，已成为古滇人诗意栖息的核心部位，成为古滇人心中最恋恋不舍的一隅风景。

　　从"干栏"建筑的整体看，底部架空，堂屋与两侧及后面的卧室客房等部位有着辐射的呼应关系，其余如挑楼、晒台等部位对堂屋的中心地位亦有着烘托的作用，生动地体现了"干栏"建筑注重整体协调、主次分明的实用美。

四、多元交融的和谐美

　　古滇"干栏"建筑群落本身是一个和谐的整体，多为土木结构，它的特色和气势，不仅体现在单体建筑自身的和谐上，更多的是体现在整个建筑群的有机组合上，在巧妙的组合中显出空间的大小纵横，形体的高低错落，色彩的冷暖繁简，线条的直曲刚柔，能在变化中求统一，做到多而不乱，实现了"干栏"内部自身的和谐、个体与群落之间的和谐，犹如一幅手绘山水长卷，跨越时空，呈现在世人面前，让后人得以较为直观、准确地估量古滇时期的智慧水准、文明水准和创造力水准，还可以确认其文明程度和经济发展程度。

　　同时，"干栏"建筑的美与它所处的环境之美融为一体，体现了古滇人崇尚自然天人合一的整体和谐观，一方面，"干栏"建筑赋予自然环境以特色，"干栏"建筑成为古滇国的重要标志；另一方面，古滇国优美的自然环境也烘托了"干栏"建筑，从发掘出土的情况看，造型优美的"干

---

① 吉林大学边疆考古研究中心，云南省文物考古研究所，玉溪市文物管理所，等.云南澄江县学山遗址试掘简报[J].考古，2010（10）：19.

栏"建筑基于村子中央，分外醒目，周围绿树环绕，碧水相伴，鸟语花香，稻香醉人，宁静的环境富有生活情趣，道路和房屋排列纵横有序，绿树掩映中露出一座座干栏建筑的屋顶，周围还分布着明珠碧玉般的湖泊……以"干栏"建筑为核心的古滇建筑充满了区域文化的迷人魅力，蕴涵着丰富的审美内涵，其间蕴藉的生存智慧，尤其是贴近自然环境、对自然本性的追求，对当下建设美丽乡村的环境设计具有特别重要的美学意义。

此外，"干栏"建筑是对自然世界淳朴、浑融自洽的整体观照，体现了生命主体与外部环境协同的创造之美境界。古滇人对生活有强烈的真挚情感，把自己在社会实践中精心设计出来的田园意境，融入云贵高原青山绿水的秀丽风光，让山水的特点和自身的情怀有机结合起来，以"干栏"喻情，以情喻景，体现了天地间的化育生机，使人恋恋不舍，亦寄托着古滇人对未来的希望，充分显示了整体的和谐，意境清新、明净、亲切、柔和，引发人的美感。

歌德曾说："建筑就是凝固了的音乐。""干栏"，是古滇建筑的标志，勤劳智慧的古滇人民建造了"干栏"并与之相互依存，正是以"干栏"这一曲动人的音乐，把本民族的审美心理和民俗文化扩展到每一个人的心里。当前，经过修缮的"干栏"建筑模型及遗址焕发出沧桑与优美并存的异彩。尤为关键的是，"干栏"建筑的形制，注重外部形象、神韵、气势、比例、意境等法则，体现出了自然美、形式美、和谐美等主观能动的审美意识，给古滇建筑注入了永恒的生命力。保留至今的"干栏"建筑模型及遗址成为历史留给后人的财富，成为古滇国的珍贵记忆，可以说，一座"干栏"就是一部古滇人民演绎生命的历史；一座"干栏"，就是一座古滇人灵魂不朽的丰碑。

参考文献

[1] 李孝友. 古滇王国的历史记忆[M]. 昆明：云南人民出版社，2016.

[2] 张增祺. 滇国与滇文化[M]. 昆明：云南美术出版社，1997.

[3] 张增祺. 云南建筑史[M]. 昆明：云南美术出版社，1999.

[4] 黄懿陆. 滇国史[M]. 昆明：云南人民出版社，2004.

[5] 李树华. 古滇国文化研究论文选集 V[M]. 昆明：云南人民出版社，2016.
[6] 李树华. 古滇国文化研究论文选集 IV[M]. 昆明：云南人民出版社，2015.
[7] 陈望衡. 环境美学[M]. 武汉：武汉大学出版社，2007.
[8] 蔡达峰. 历史上的风水[M]. 上海：上海科技教育出版社，1994.
[9] 云南省文物考古研究所、玉溪市文物管理所、江川县文化局. 江川李家山第二次发掘报告[M]. 北京：文物出版社，2007.
[10] 云南省文物考古研究所，等. 晋宁石寨山——第五次发掘报告[M]. 北京：文物出版社，2009.
[11] 云南省文物考古研究所，等. 石寨山文化考古发掘报告集[M]. 北京：文物出版社，2016.
[12] 云南省文物考古研究所，玉溪市文物管理所，澄江县文物管理所，等. 云南江县金莲山墓地2008—2009发掘简报[J]. 考古，2011（1）.

文明休闲，理性审美，共建和谐美丽云南

【摘　要】作为人类生存的理想状态，和谐是人类社会的永恒主题。古往今来，诸多中外学者都曾提出过有关和谐社会的构想，当前，构建和谐社会已成为广大民众的共识，在此人文背景下进行文明休闲、理性审美，对共建和谐美丽云南，实现社会的良性发展有着积极的作用和深远的意义。本文从品味休闲与审美、休闲审美的途径与方式、闲而不美的惰性陋习、休闲审美视野下构建和谐美丽云南几个层面进行探究，实现主体在休闲审美的自在体验中想象力与知性的协和一致，最终走向共同构建和谐美丽的幸福家园之良愿。

【关键词】休闲　审美　和谐美丽　社会　家园

　　自古至今，在和谐美丽的环境中进行休闲活动，是人类理想的一种生存状态，是休闲主体精神不懈追求超越的过程，更是人类优化生命，实现人性和谐的理想模式。休闲让人类重返生命的自在，审美则让人类体验这种自由自在的状态，达到想象力与知性的协和一致，从而实现了审美之愿景。随着生活水平的提高和节假日的增多，休闲主体于自在体验中获取身心一致的轻松和愉悦，进入人性的达观境界。当前，休闲已成为一种普遍的日常生活和体验方式，审美体验则为之注入了浓郁的情感色彩。

一、品味休闲与审美

"休闲"一词由"休""闲"二字组合而成,为复合词,《辞海》对"休闲"的解释是这样的"农田在一定时间内不种作物,借以休养地力的措施"。① 作为传统的农业大国,休闲的本意与农耕文明息息相关,我们的先人认为休闲是一种暂时中断劳动的休息行为,是和劳作相对的一种静态的生命体验,它强调的是人类生存过程中劳作与休憩的辩证关系。"休"字在《说文解字》有注:"休"为"人依木而歇",即劳作之余的歇息。"闲"从门中有木,本意指栅栏,通常引申为范围,多指道德、法度。孔子在《论语》中曾指出"大德不逾闲",此处又有约束、限制之意;但是"闲"通常同"娴",具有娴静、平和的意思,表现了一种心境的平和和宁静。所以休闲组合起来,就可知身体摆脱日常强制性的活动而获得的一种平静的精神愉悦状态。② 在我国,休闲的自觉最早出现于先秦时期,儒家营造的终极理想因西周的"礼崩乐坏"而破灭,闲成为文人学士生存的重要方式,仅《庄子》一书就有8篇论及"闲"。庄子提倡自然、自在、自由、自得之闲,并将"闲"视为文人士子个体生命安顿的方式与途径。随后孔子赞赏曾点的"暮春者,春服即成,冠者五六人,童子六七人,浴乎沂,风乎舞雩,咏而归。"③ 之理想,这其实就是一种审美理想的达成,孔子提倡"成于乐""游于艺",充分表达了人类的休闲理想和审美精神,蕴涵着中国农耕文明特有的以自然为休闲之所"天人合一"的审美追求,先秦文人对休闲、自由、超脱的体验和思考对当前休闲审美的创作、生命的和谐、人格的完善,都有着积极而深远的意义。

西方哲学家则进一步强调休闲审美的情感色彩:"休闲是从文化环境和物质环境的外在压力中解脱出来的一种相对自由的生活,它使个体能以自己所喜爱的、本能地感到有价值的方式,在内心之爱驱动下的行为,

---

① 辞海编辑委员会. 辞海[M]. 上海:上海辞书出版社,1979:216.
② 周慧丽:论中国传统伦理道德中的休闲理念[J]. 戏剧之家,2014(3).
③ 朱东润:中国历代文学作品选·上编·第一册[M]. 上海古籍出版社,2008:142.

并为信仰提供一个基础。"①很显然，无论是东方还是西方，休闲命题都是非物质而重在精神、道德的自然之闲，它是建立在人们闲暇基础上的行为，包括休息、娱乐、学习、交往等等，获得一种愉悦的美感体验，这种体验以渗透、融合、感染、凝聚、熏陶、净化等多种形式，影响人的行为方式和生活方式。

二、休闲审美的途径和方式

休闲审美的途径和方式比较多，有"采菊东篱下，悠然见南山"式，此种休闲方式将对大自然闲适的追求融入文学创作中，将自然当作心灵宁静精神复归的休闲之所，实现自主生命的超越，追求和达到一种理想的人生境界。有"就薮泽，处闲旷，钓鱼闲处，无为而已矣；此江海之士，避世之人，闲暇者之所好也"式。②此休闲模式从哲学高度上，肯定了"闲"对世俗功利、身心之累"无而超之"的精神价值，提倡自然、自在、自由、自得之闲，并将"闲"视为文人士子个体生命安顿的方式与途径。更有"妙善琴书，精于言理，每游山水，往辄忘归"③、"最爱湖东行不足，绿杨荫里白沙堤"式，在山水自然之美中畅游，心灵处于一种自由、闲适的状态，既承载了厚重的传统文化，也是富有地域特色的休闲生活和休闲理念的生动写照。

除此之外，休闲活动还有棋牌类、球艺类、游泳、温泉类、农家乐、品茗等途径和方式，交通工具有汽车、飞机、轮船、火车、自行车等多种选择，根据路程远近和路面状况以及经济承受能力等因素灵活决策。休闲审美的途径和方式较多，它与个人的成长环境、学识素养、兴趣爱好等密切相关，且作为生活态度和生活方式的一种实现，与人类文明的

---

① 杰弗瑞·戈比. 人类思想史中的休闲[M]. 云南人民出版社，2000：11.
② 张默生，张翰勋. 庄子新释[M]. 齐鲁书社，1993：366.
③ （南朝宋）沈约撰：《宋书·隐逸传》，《宋书》卷九十四（第八册），中华书局，1974：2278.

发展进程紧密相随。休闲审美能力亦会随着人们对生活层面认识的加深而逐步得到提升，渐渐成为一种生活乐趣，影响和渗透到人们日常生活的各个层面。

三、闲而不美的惰性陋习

审美是休闲的最高层次和最主要方式，目前各级政府在打造民众休闲环境设施、普及休闲活动时，往往只重"闲"而不重"美"，只注意提供休闲设施、休闲活动的娱乐性，而忽视它们是否能带来审美享受。首先表现为景区各种设施设备、卫生条件滞后于休闲旅游的发展。如景区的污水污物排放处理问题、垃圾回收问题、灯光线路老化、公厕少而脏问题、停车难问题……滞后于休闲活动的发展。其次是保护宣传工作和监管力度不到位。部分景区只重视抓经济指标的增长，忽视了保护环境、爱护文物的宣传和监管，部分景点标识牌老旧，模糊不清，甚至标识牌不知所终。相关提醒警示牌不多，如禁止吸烟、禁止扔果皮纸屑、禁止触摸、禁止踩踏、禁止攀爬、禁止采摘等。

尤为值得一提的是，云南省当前民众的休闲生活中存在着休闲方式低俗、缺乏审美体验等问题，甚至部分还存在着黄赌毒等丑恶现象。相当一部分审美主体在休闲过程中，往往只关注自身的便利，忽视他人感受高声喧哗、到处污染环境、随意耗费资源等，没有良好的行为习惯，烟头、烟盒、酸奶瓶、矿泉水瓶、瓜子壳、花生壳、零食包装袋等随手乱扔，有的游客把农家乐里免费提供的酒水肆意挥霍，喝不完就倒在地上，造成极大浪费。更有甚者让孩童把景区当成方便场所，认为自己出钱了爱怎么做都行，别人管不着，这与"美丽云南"建设的愿景是背道而驰的。

四、休闲审美视野下构建和谐美丽云南

要打造出休闲审美视野下的和谐美丽云南，须由政府牵头，大力营

造理性、文明的休闲氛围，倡导健康、积极的休闲方式，鼓励全民参与并互相监督。建议地方政府在开发休闲资源之前，应进行广泛的调研和充分的科学论证，科学合理的规划和发展休闲项目，防止盲目开发，将开发与环境保护、文物保护、文化遗产保护相结合，才能唱好休闲经济这台戏，最终走向经济效益、社会效益和生态效益的有机整合，实现人与自然、人与人之间的和谐发展。同时，应多渠道进行生态休闲宣传和管理，倡导生态休闲，充分发挥职能部门和景区相关人员的导向作用，充分利用现有场所结合多种媒体手段积极宣传生态休闲，通过宣传教育等措施鼓励生态休闲、绿色休闲、环保休闲。

此外，在规划开发休闲资源时，应提倡保护与开发齐头并进，不能急功近利地只追求眼前经济效益，而忽视了云南本土资源承载着多重文化的传承与发展，忽视了云南传统的民族文化传统和本色的保留，如果急功近利，云南人引以为荣的民族特色就会逐渐消退，民风民俗的生命力亦会慢慢衰退。为此，科学、准确定位云南休闲资源，充分展现民族文化中最优秀、最本质、最精彩的内容，是开发云南休闲资源进程中要优先考虑的重要环节。

五、结　语

人类应使用文明的、理性的方式来进行休闲审美，才能不断提升自己的审美素养，别把自己的愉悦快乐建立在影响他人、污染生态环境的基础之上。只有休闲主体在休闲时自觉爱护环境、保护生态、对大自然充满关爱，在理性休闲的光辉下从事休闲活动，不断提高自身人文素养和审美情趣，将休闲审美提升成为社会文明的动力，这才是共建美丽和谐云南坚不可摧的保护屏障。

参考文献

[1] 苏状."闲"与中国古代文人的审美人生[D]. 上海：复旦大学，2008.

[2] 张华. 生态美学及其在当代中国的建构[M]. 北京：中华书局，2006.
[3] 曹诗图. 旅游文化与审美[M]. 武汉：武汉大学出版社，2004.
[4] 蒙培元. 人与自然：中国哲学生态观[M]. 北京：人民出版社. 2004.
[5] 陈炎，仪平策. 中国审美文化史[M]. 济南：山东画报出版社，2000.
[6] 皮朝纲. 审美与生存——中国传统美学的人生意蕴及其现代意义[M]. 成都：巴蜀书社，1999.

休闲与审美：
华宁象鼻温泉的自在体验及环境保护

【摘　要】 华宁象鼻温泉以环境优美、微量元素丰富、饮浴皆可、水温适中、治病保健等特点声名远播，被誉为"神水"。作为一种旅游与休闲娱乐形式，它既具有休闲消费文化的特征，又带有浓郁的玉溪本土特色。华宁温泉的自在体验，让休闲走向审美，人们从世俗的功利性事务中摆脱出来，将身心置于一种自由的体验状态，达到内心世界与外部世界的高度统一，进入人性的达观境界，从而生发出热爱生活、珍惜生命、放下烦忧之意念，建立起审美境界的休闲情趣，既是提高生命质量的需要，也是一种自我超越，对于树立生态休闲方式，构建和谐人生具有积极的现实意义。同时，华宁温泉相关区域的环境保护也成为一个亟待解决的问题，本文将逐层进行论述，并提出相应对策，以期达到人与自然和谐共生、圆融无碍的审美境界。

【关键词】 休闲　审美　象鼻温泉　环境保护

华宁，地理坐标位于云南省中部，是一个富饶、神奇的地方，这里常年泉水潺潺，柑橘飘香，享有"中国泉乡"之美誉。华宁可圈可点之处甚多，不必说富饶的土地资源，丰富的矿产资源，也不必说被列为云南省最大的柑橘生产基地，更不必说被农业部评为全国生态农业建设先进县,宁州牌产品畅销国内外,仅是华宁的温泉,就值得华宁人无比自豪的了。华宁的温泉独具特色,分布广、数量多、品质优,功效奇特,在温泉领域中独树一帜。象鼻温泉,则是华宁开发较早的标志性温泉之一,其悠久的历史、秀丽的自然风光、优质的水源、适中的水温等诸多优点吸引着众多的游客前来休闲度假,逐渐形成一种独具特色的玉溪本土休闲文化,这种休闲文化渗透到人们内在的心理习惯和思维方式之中,自然积淀为审美需求,建构起特定的审美观,提升了生活的精度和广度。与此同时,我们在审视象鼻温泉日益严重的环境污染时,亦提出了新的期待和要求,只有构建起一个健康的、生态的休闲观念,才有可能实现内在与外在相一致,人与自然和谐发展之良愿!

一、华宁象鼻温泉概况

华宁以温泉众多闻名,有"泉乡"之美称。全县共有大小龙潭泉点630多处,密度0.5个/平方公里。在这630余口潭泉中,巨者喷涌成河,水流量每秒为4.169立方米;细者叮咚如琴,水流量每秒为0.01立方米。其中有慷慨奔涌的七犀潭,有四季清冽的恩永泉,有温情宜人的象鼻温泉,又有喷沙如月的映月泉,有吐水成珠的珍珠泉,有袖珍如碗水的一碗泉……华宁泉多,这不足为奇,而其中美泉甚多,是大自然对华宁最丰厚的馈赠,当然,最负盛名的当数象鼻温泉,当地民间俗称"洗澡塘"。

(一)历史溯源

象鼻温泉有着悠久的历史,据记载,早在东汉时期,象鼻温泉就被发现利用,距今已有近2000年的历史,千百年来,象鼻温泉的神奇美妙让华宁文人写下许多脍炙人口的诗篇,他们都感叹徐霞客、杨升庵未能到此一游而惋惜,发出了"惜不遇升庵,汤名书第一"的感慨;"天下汤泉莫漫夸,传闻温沼让西沙。岭如象鼻岭无异,水比安宁水更嘉。入浴解教人似玉,到来几许貌如花。春寒我欲频经此,童冠讴歌乐岁华。"这是清代华宁人张凌云的题象鼻温泉诗,道出了人们对象鼻温泉的厚爱。1992年,经国家地矿部等单位技术鉴定,象鼻温泉属重碳酸泉,含有偏硅酸、锶、锂等11种人体所必需的宏量元素和13种微量营养素,温度39℃~41℃,接近人的体温,四季可浴,是饮浴两用的优质珍贵矿泉水,化验结果表明能与国际名泉法国佩里埃矿泉水媲美。

(二)象鼻温泉景区构造分析

1.华宁象鼻温泉

因泉水从象鼻岭下石壁间汩汩流出而得名,华宁全县630多个泉眼中,仅象鼻温泉就占了8个,两个男女大池各占一个,小池、矿泉水厂、游泳馆各一个,另有3个待开发中。据考,东汉时期就有两个泉眼被利用,相距十多米,即今天的男池和女池。象鼻温泉常年水温适中,温度在39℃~41℃,对提神、健身、驱疾、美容有独到功效,是饮浴皆可的优质珍贵矿泉水,从明代起就被当地百姓所推崇。目前经营的主要是游泳馆、大池和小池三类。

2.华宁象鼻温泉度假村

该度假村是以温泉疗养为核心的生态旅游度假村,国家2A级景区,前身为疗养院,建于1986年,位于龙洞河畔,环境优美,房屋依象鼻岭建盖,造型独特,错落有致。度假村依山傍水,林木青翠,空气清新,内设理疗室、餐厅、会议厅、舞厅等,功能齐全,为休闲旅游、度假疗养之首选。在巍峨挺拔的象鼻岭上,依次设有清风亭、休闲亭、望远亭、聚友亭、养心亭、凝翠亭6座风格各异的亭子,把原本就青翠葱茏的象鼻岭装扮得更加妖娆多姿,与山下古朴典雅的金锁桥、静静流淌的龙洞河交相辉映,浑然一体。

3.洗澡塘村农家乐

象鼻温泉所在地为洗澡塘村,目前分为新村和老村。全村有十多户办起农家乐,新村10多户。这些农家乐中,经营规模大的有40余个床位，规模小的有 12 个床位。经营方式为自主经营，自负盈亏。至 2014 年 5 月，收费标准为 50 元/人/天，含两顿正餐，标准为三荤四素，共七菜一汤（有时提供八菜一汤），一顿早餐，标准为带杂酱的面条、米线或是稀饭馒头等，加一晚住宿。从目前的经营服务整体来看，尚处于"小而散"状态，有待形成系统规范的服务模式。

4. 金锁桥

金锁桥为市级文物保护单位，位于洗澡塘村，始建于清乾隆乙丑年（公元 1745 年），至今已有 270 多年历史，历经风雨沧桑仍巍然屹立。金锁桥西倚象鼻岭，宛若长虹卧金波，恰似金蟾戏玉带，蔚为壮观。呈东西方向，横跨龙洞河上，是云南省跨径最大的单孔石拱桥之一。全长 37 米，高 14 米，桥面宽 9 米，厚 2.1 米，河床面至拱高 11.9 米，内弧半径 11.5 米，净跨度 1.8 米。桥两边用条石砌护栏，护栏侧建有石碑楼和石阁各一座，即韦陀坊和观音阁，相距 6 米，南北对称，造型别致。既满足了桥梁建筑的需要，又具有宗教和审美的内涵。北护栏内侧的石碑楼檐柱上镶有三块匾，中间一块上写着"神应三州"四字，左右两块各书"明月""清风"。南护栏内侧的石阁，正中悬一块石匾，直行楷书"慈航普度"四字，两侧柱上刻"露连碧水恩波暖，云涌彩虹瑞色新"的楹联一副，充满佛学的灵光。

此外，还有翠屏山和龙洞河。翠屏山与象鼻山对峙，因状如屏风，青翠欲滴，故名。山腰有一石壁，光滑生辉，形似月亮，称"月亮岩"，在周围茂林绿草的衬托下光彩迷人。龙洞河位于县境南部，北起分水岭，过华宁盆地东缘至三岔河，全长 31 公里。上段时窄时宽，至"二龙戏珠"处，危崖对峙，一巨石兀立于谷中，成自然景观。

象鼻温泉景区景色秀丽、环境优雅，东有翠屏山层峦叠嶂，西有象鼻岭逶迤莽莽，金锁桥边翠竹摇曳多姿，桥上石碑石阁相映生辉，桥下龙洞河水潺潺流淌，两岸绿树成荫，桥头石壁屹立，石壁隙间汩汩涌出的温泉，似乎在诉说着对这块热土千百年不变的爱恋！

二、象鼻温泉的休闲与审美

从"休闲"一词本意视之,最早出自曹植的《吁嗟篇》,"常去本根逝,夙夜无休闲",主要表悠闲、安逸、闲暇时光等意。休闲是主体达到身心平衡的有效途径,现代社会人们"通过休闲活动提高生活质量,保证有意义的生活,并建立健康的社会。随着经济的增长和生活水平的提高,以往似乎只和艺术结缘的审美活动也回归日常生活,带来了日常生活审美化与审美活动日常化,由此,主体的审美已不再局限于艺术活动,审美的关注目光直接进入了日常生活空间。闲暇的时光,闲适的心情,休闲自身的非功利性为审美的达成提供了平台,而休闲与审美的结合,则成为美学研究一个新的生长点,实现了审美的休闲化。华宁象鼻温泉是乡村旅游的一种形式,同时更是一种休闲与审美的活动,其休闲审美特色表现如下:

(一)自在体验,身心和谐

华宁象鼻温泉是推进华宁城乡经济、文化互补发展的产物,是物质要素与精神要素交会的集合点。它集中地把象鼻岭、洗澡塘、金锁桥、龙洞河、翠屏山以及当地乡村的自然人文之美展现给各方游客,为游客提供了玉溪本土文化的呈现平台,同时,游客们也带来了不同的城市文明、城市文化和城市理念,双方的交流互动于无形中极大地促进了各地区之间、各民族之间的和谐发展。象鼻温泉不仅集观光、旅游、休闲、美食、养生、水疗为一体,而且还具有观赏性、自在性、体验性、参与性等多种功能,从而备受游客青睐。象鼻温泉的自在体验,将审美境界生活化,在体验中,审美主体把注意力从外界转入对自身的关注,唤起本体性的优越感,从而进入人性的净化与升华。并且,在体验过程中,审美主体与客体两者相互激发,精神超越了物质,审美超越了享受,从感性走向理性的自由境界,充分显示了人本的价值。"可以说,审美是休闲的最高层次和最主要方式。我们要深入把握休闲生活的本质特点,提示休闲的内在境界,就必须从审美的角度进行思考;而要让审美活动更深层次地切入人的实际生存,充分显示审美的人本价值和现实价值,也必须从休闲的境界予以内在的把握。前者是生存境界的审美化,后者是审美境界的生活化"。

(二)回归自然,物我和谐

象鼻温泉使休闲主体于自在体验中获取审美的愉悦感受,知性与想象力达到了空前的协和一致,不仅促进了人性自身的和谐,还促进了主体与客体世界的和谐相融。当休闲活动上升到审美时,主体就会自动卸载下平日里世俗的繁杂事务,将身心置于轻松自由的本真状态,走向内心的宁静。"建立于审美境界的休闲情趣,或是休息、娱乐或是学习、交往,都有一个共同的特点,即获得一种畅快的、愉悦的心理体验,产生自由感和美好感。"圣人孔子也非常赞同把审美的人生当作理想的人生境界来追求,《论语·先进》一文中,孔子和子路、冉有、公希华、曾点几个弟子谈论人生的理想和抱负时,前面几个弟子都表述治理国家城池的人生理想,与其他人不同的是,曾点的人生理想是这样的:"暮春者,春服即成,冠者五六人,童子六七人,浴乎沂,风乎舞雩,咏而归。"就是说,他所理想的人生境界是在山花烂漫的暮春时节,穿上美丽的春装,约上五六个大人,带着六七个孩子,到沂水中洗浴,进入自在闲适的达观境界,到舞雩台上享受春风拂面,最后欢歌而回。这就是一种理想的审美人生境界,把休闲与审美的本质诠释得淋漓尽致,难怪孔子听后欣然赞赏:"吾与点也!" 象鼻温泉的审美价值就在于向大众开放了一种纯朴的、原生的、自然的、绿色的消费与审美空间,满足了人们回归自然的心理需求,在喧嚣浮躁的当下静静地审视自身,身心放松,内心世界与外部世界高度统一,进入人性的达观境界。

(三)情感相融,人际和谐

华宁象鼻温泉成为协调人际关系,交往聚会的重要场所之一。因为温泉具有无与伦比的柔性、自在性、包融性、淡化性,它把平日里各种社会关系之间的冲突与矛盾加以稀释和缓解,身体和精神双重释放,浸润着主体的身心，陶冶着主体的性情，亲情爱情友情等得到润滑和交融，极具包融性，成为一个难以替代的独特审美空间。象鼻温泉的游客，以家人、亲朋好友、单位同事等群体为主，当地村民或单个旅客为辅，群体行为多于个体行为，象鼻温泉为情感的交流相融提供了绝佳的平台。前面提及的"冠者五六人，童子六七人"就是一种群体行为，古人所说的"五六人"和"六七人"不一定是确切数字，但却一定表示群体休闲行为，此处的群体还不是同一年龄段的人，而是有成年人，有小孩，为数不少的一群人泡澡之后沐浴着春风快乐地歌唱，充分体现了休闲时亲朋好友之间融洽和谐的气氛。

（四）多元发展，社会和谐

通过政府积极引导，企业、百姓主动配合，象鼻温泉有待形成可持续发展的系列产业。从经济效益上看，旅游者到华宁象鼻温泉主要以观光、休闲、娱乐等方式为主，在满足游客各种旅游需求的同时，亦有效地带动了当地村民的经济发展。除了象鼻山庄度假村属承包性质外，华宁象鼻温泉所在的洗澡塘村，大部分村民都在自家庭院办起了农家乐，服务周到，收费合理，生意兴隆，从单一农耕型走向运输、接待、旅馆、饭店、日用品、休闲旅游等产业的多元服务型。这些有益的尝试，极大地提高了当地村民的生活水平和生活质量，为打造美丽玉溪、构建和谐社会起到了积极的促进作用。同时，所产生的经济效益，又可以为环境保护的物质保障提供坚实的物质基础，有力地支撑各项休闲产业的可持续发展。当前，为突破快速发展遇到的瓶颈现状，华宁县政府通过招商程序，积极打造高标准的象鼻温泉旅游生态示范区，期待着象鼻温泉的发展步伐迈得更加坚实有力，期待着象鼻温泉更加美好的明天。

三、休闲视野下的环境保护

实现人与自然的和谐发展，必须倡导一种对环境友好的休闲方式，培育人们良好的环境美德,发挥休闲作为一种社会机制所承担着的社会整合功能,把休闲的负面效应降到最低。"生态环境问题从根本上是人类活动和发展对环境的影响已超出自然承受能力的限度,而不计成本的发展最终也被证明是死路一条。因此,从掠夺型、征服型和污染型的工业文明走向协调型、恢复型和建设型的生态文明,是人类历史发展的必由之路。保护生态环境,走可持续发展之路,实现人与自然的和谐共处,也已成为全人类的共识。"象鼻温泉的环境保护,与生态的、文明的、理性的休闲方式息息相关,人类在享受温泉带来的快乐时,须提高自身解决生态环境问题的能力。

(一)存在的几个问题

1. 配套设施不全,整体规划尚需科学论证

象鼻温泉面临基础设施多为2000年左右购置,经过十多年的使用,已呈老化和落后之态。购物不便,没有一个物品齐全的规范超市,买不到象鼻温泉标志性商品,无处消费。娱乐场所不多,除了泡温泉之外,游客没有更多的娱乐项目。尤为关键的是,整个温泉景区无大型规范的停车场所,只有象鼻山庄可停部分车辆,洗澡塘新村村口路边仅可停十余辆车,给外地游客带来诸多不便,因此极易出现车辆乱停乱放的情况,给交通安全带来隐患,为抢夺车位争吵打架的现象也频频出现,节假日停车成为游客之痛。科学合理地规划设计大型停车场,应成为象鼻温泉景区一个值得关注的焦点。此外,路边绿化美化等工作也有所欠缺,有待提高。

2. 监管力度不到位,卫生保障有待全面提高

部分游客污染环境、资源浪费严重,为休闲主体,象鼻温泉的游客们来自五湖四海,男女老幼都有,环保素养参差不齐,部分游客没有良好的行为习惯,烟头、烟盒、酸奶瓶、矿泉水瓶、瓜子壳、花生壳、零食包装袋等随手乱扔,有的游客把农家乐里免费提供的酒水肆意挥霍,喝不完就倒在地上,造成极大浪费。更有甚者让孩童把温泉当成小解场

所，认为自己出钱了爱怎么做都行，别人管不着。管理欠完善，尤其大澡堂，无人管理，游客群体入池，水面卫生堪忧。部分农家乐厨房里卫生条件堪忧，具体表现为厨房物品杂乱。操作与存放食物区域混杂，各种食物菜品生熟混放。有的菜品直接堆在地上，如茄子、小瓜、豆角，出入难免踩上。灶台炊具油渍斑斑，饮食卫生观念有待形成。

3. 排污体制不健全，生态环保亟待达成共识

象鼻温泉的排污和景区环保，多年来一直未能形成有效机制，主要表现在两方面：一方面就是排放到龙洞河里触目惊心的污水污物。长期以来，象鼻温泉的洗浴废水废物直接排入龙洞河，热气腾腾的污水中夹杂着垃圾不分日夜直接流入河道里，对环境造成了不可忽视的污染。另一方面，除洗浴废水废物外，温泉周边部分村民没有养成良好的环保习惯，经常把垃圾直接倒进河里，污染了河水，一些垃圾散落在河边草丛里，脏乱不堪。河道里甚至还有家畜尸体，泡得发胀，横在水流浅浅的河道里，成为景区的一大污点。当前，垃圾已成为美丽的龙洞河的一道硬伤，对下游的生态也造成不良影响。

（二）几点建议

1. 科学论证和规划休闲产业，完善基础配套设施

象鼻温泉景区建设当前最迫切的就是加强基础配套设施的新建与管理，为旅客提供更为人性化的休闲空间。地方政府在开发休闲产业之前，应进行广泛的调研和充分的科学论证，合理的规划和发展休闲项目，科学设置停车、购物、休闲、娱乐等场所，并将开发与环境保护、文物保护、文化遗产保护相结合，才能唱好休闲经济这台戏，最终走向经济效益、社会效益和生态效益的有机整合，实现人与自然、人与人之间的和谐发展。

2. 多渠道宣传和管理，倡导绿色生态休闲

充分发挥职能部门和景区相关人员的导向作用，充分利用现有场所

结合多种媒体手段积极宣传生态休闲，通过宣传教育等措施鼓励生态休闲、绿色休闲、环保休闲。"一个受过教育的公民知道他自己仅是生态机器中的一个齿轮"，别把自己的愉悦快乐建立在生态环境的破损之上。只有休闲主体在休闲时自觉爱护环境、保护生态、对大自然充满关爱，才是生态环境坚不可摧的保护屏障。生态休闲关注的是建构一种和谐的生存发展状态，休闲主体是否具有平常心，成为衡量尊崇自然的一个标准。在休闲过程中，具有平常心的主体会尽量降低人类活动的环境影响，避免奢侈浪费和过度消耗资源，他们在享受大自然的赐予同时热爱自然、敬畏自然，这不仅是一种积极的休闲方式，也是一种积极的生活方式和生活态度。

3. 加强排污环保的监督治理，实现和谐发展目标

在打造象鼻温泉品牌的同时，应把排污系统作为重点工程，以保证在若干年后，我们的子孙后代还能看到美丽清澈的龙洞河。亟待政府、开发企业、当地村民达成环保共识，出台相应的法律法规、增添排污设施、规范村民环保行为等，让象鼻温泉景区永远整洁优美、秀丽动人！另外，休闲主体在享受休闲带来的愉悦快乐时，应自觉遵循当地各项环保规定，恪守环保宗旨，不损害、不破坏公物，不乱扔垃圾和废弃物，不污染水流，不随意刻划，不伤害生灵，不破坏生态平衡等，在理性休闲的光辉下从事休闲活动，并从中汲取相关历史文化知识。

象鼻温泉是大自然赐予人类的珍贵礼物，享受它给我们带来休闲愉悦的同时，要学会待之以关爱和珍惜，我们倡导用生态良心和生态正义来维护自然环境，杜绝人为造成的环境污染和生态灾难。同时，树立尊重他人、尊重自然、尊重环境的良好意识，建构起一种新型的休闲观，理性休憩，实现人与人和谐、人与自然和谐的大美境界。

参考文献

[1] 皮朝纲. 审美与生存——中国传统美学的人生意蕴及其现代意义[M]. 成都：巴蜀书社. 1999.

[2] 陈炎，仪平策. 中国审美文化史[M]. 济南：山东画报出版社，2000.

[3] 徐恒醇. 生态美学[M]. 西安：陕西人民教育出版社，2002.
[4] 蒙培元. 人与自然：中国哲学生态观[M]. 北京：人民出版社，2004.
[5] 张华. 生态美学及其在当代中国的建构[M]. 北京：中华书局，2006.
[6] 曹诗图. 旅游文化与审美[M]. 武汉：武汉大学出版社，2004.

滇云风情

论古代文献中的蛊毒及治蛊之术
——以西南地区云南省为例

【摘　要】 在我国古代文学和地方文献中，对蛊毒的描写不少，有相当数量的文人墨客以小说的形式记载了形形色色的蛊毒，本文把这些小说中的蛊毒加以归类，分为虫蛊、草蛊、药蛊、咒蛊四类，从理论上对蛊毒做出了种类的划分并归纳了传统治蛊的经验和方法，为研究古代民间蛊毒的种类和治蛊之术以及传统的民间医药、巫术提供一定借鉴。

【关键词】 古代文献　蛊毒　种类　治蛊之术

蛊毒，作为一种神秘的现象在古代作家的笔下屡屡出现，我国西南地区民间把放蛊又叫"放歹"或"放五海"，前人对此有着为数不少的记载和论著，但都只是就蛊毒的存在和现象作了描写和说明，有的还把某种蛊毒的治疗方法也加以描述，并没有统计和归纳蛊毒的种类，也没有把每一种类的治蛊之术一一总结，本文在前人记载和描述的基础上，把各式各样的蛊毒作了归类，划分为虫蛊、草蛊、药蛊、咒蛊四类，从理论上对蛊毒做出种类的划分并归纳传统治蛊的经验和方法，为进一步探索和研究古代民间蛊毒的种类和治蛊之术以及传统的民间医药、巫术提供一定借鉴。

一、集百毒于一身的虫蛊

蛊,是一种毒虫。《本草纲目·虫部四》李时珍集解引陈藏器曰:"取百虫入瓮中,经年开之,必有一虫食尽诸虫,即此名为蛊。"常见的有毒蜈蚣、毒蜂、毒蝎子、毒蜘蛛、毒蛇等。据说以金蚕为本体的蛊毒对人体危害最大,侵入人的腹中之后,会吃光人的肠胃,而且它的抵抗力极强,水淹不死,火烧不死,就是用力也打它不死。相传金蚕蛊的表皮是金色的,每天要喂它四分当归,放蛊的方法是把它粪便放在人的食物中。蛇蛊是在毒月毒日,即每年农历五月五日放养长大的;虱蛊是聚集许多虱虫制成的,若是把它吃到人腹中,它会把人的内脏吃光。晋朝《搜神记》中就记载了两则跟虫蛊有关的故事:

> 荥阳郡有一家姓廖,累世为蛊,以此致富。后取新妇,不以此语之。遇家人咸出,唯此妇守舍,忽见屋中有大缸。妇试发之。见有大蛇,妇乃作汤,灌杀之。及家人归,妇具白其事,举家惊惋。未几。其家疾疫,死亡略尽。[①]

> 鄱阳赵寿,有犬蛊。时陈岑诣寿,忽有大黄犬六七群,出吠岑。后余伯妇与寿妇食,吐血几死,乃屑桔梗以饮之而愈。蛊有怪物,若鬼,其妖形变化,杂类殊种,或为狗豕,或为虫蛇,其人皆自知其形状。行之于百姓,所中皆死。[②]

"蛊"在甲骨文中的字形皆为皿中有虫之象。 蛊不论作为疾病名称,还是致病原因,都必然是与虫相关的。

> 鱼网高张露坐稀,绿光如火傍檐飞。
> 深夜忽听深凄楚,知是谁家蛊不归。

养蛊者夜辄放出害人,故人相戒不敢露坐,张鱼网于檐际则飞高不下,其光如流星而色绿,蛊出不归,则其家呼之,声

[①] 见《太平广记选》上册第152页《荥阳廖氏》,上载选自卷三百五十九妖怪类。

[②] 同上。

极哀楚,盖恐为人捕治,则养蛊者必毙,故风雨深夜每闻妇人凄苦之音,余曾欲掩其家而苦无迹,小儿有遭其蛊者?嬴如?日夜不能眠,亟视其项心有红发一茎,拔之去,饮以?金即吐,滇人有以符水闻治者亦效。①

石门沈心涯宁守开化,偶晚坐,见空中有流光如帚,似慧星之状,问之胥役,云:"此名飞蛊,乃蛇蛊也。"畜蛊之家,奉此蛊神能致富,但蛊家妻女,蛇必淫之,蛇必于晚间出游,其光如慧,遇人少处,下食人脑,故开化居民时届黄昏,不敢露坐,恐遭其毒也。②

二、自然界中本性剧毒的草蛊

在云南的原始丛林中,有一种草叫胡蔓草,叶子像莼花,有黄色、有白色,叶子含有剧毒,放入人的口里,人就会七窍出血;叶汁若吞进肚子里,肠胃也会溃烂。当地的莠民常常利用胡蔓草做蛊害人。这种毒草除了在云南生长外,广东省的香山县也曾出现过它的踪迹,当地的莠民也很擅长利用胡蔓草做蛊害人。而且当地的医生也订有治胡蔓草剧毒的药方:取母鸡孵的鸡蛋一个(没有长小鸡的),把它煮熟,研成细末,加一汤匙清油,中胡蔓草毒蛊的人每天服一次,就会吐出胡蔓草蛊。蛊在「上鬲」的,加用胆矾五分,放在热茶里溶化后服用,就会吐出蛊来。蛊在「下鬲」的,用郁金水二钱放在菜汤里服下,蛊也会吐出来③。直到崇祯时代某年春天,云南人罗明夔到香山县当县令,了解胡蔓草害人的情节以后,就下令:一般人向本县告官的,每人随缴胡蔓草五十枝。这道命令下了以后,胡蔓草也就砍光了。罗县令把收缴的毒草,亲自监督

---

① 见《西南民族文献》第四辑第五卷第142页《云南风土纪事诗·广南府》,(清)彭崧毓撰。
② 见《云南史料丛刊》第十一卷第133页"滇小记·飞蛊",(清)杨琼著。
③ 见道光年修广东《香山县志》。

杂役焚烧，不久，这种毒草便在香山绝迹。

清人吴大勋，青浦人，乾隆三十七年任云南寻甸知事，三十八年任丽江知府，在其著作《滇南闻见录》第78页记叙了这样一则故事：

> 毒草滇南极多。余在顺宁，多有被怨家毒害告官者，案牍累累。案：《论衡言毒篇》：草木有巴豆、冶葛，食之杀人。夫毒，太阳之热气也，天下万物含太阳气而生者皆有毒螫。故冶在东南，巴在西南。馥谓滇位西南，故多毒草。①

三、人工合成的药蛊

我国最早详细记载了制蛊之法的是《隋书·地理志》："新安、永嘉、建安、遂安、鄱阳、九江、临川、庐陵、南康、宜春，其俗又颇同豫章，而庐陵人厐淳，率多寿考。然此数郡，往往畜蛊，而宜春偏甚。其法以五月五日聚百种虫，大者如蛇，小者如虱，合置器皿中，令自相食，余一种存留之，蛇则曰蛇蛊，虱则曰虱蛊，行以杀人。使人食之入腹，蛊食其人五脏。人死则其产业移入蛊主之家。三年不杀他人，则畜蛊者自钟其弊。累世子孙，相传不绝，亦有随女子嫁焉。干宝谓之为鬼，其实非也。自侯景乱后，蛊家多绝，既无主人，故飞游道路之中则殒焉。"

在边远的西南地区，闭塞的交通、茂密的原始森林、文化的愚昧落后等为蛊毒的发源与滋长提供了得天独厚的便利条件。有些坏人为了保护自己的利益和达到控制他人的目的，用独特的方法制作出了奇毒无比的药蛊，让世人谈蛊色变。来看以下三则故事，都是关于云南少数民族蛊毒的描写：

> 世传南人能造蛊，然余自昆池戍腾部，阅历十年，足迹半两迤，亦不能概见也。独沅江土司世传此法，其药最毒而最奇。凡郡守新任，例必设宴迎风，花药已入腹矣。在任理事，药不

---

① 见道光年修广东《香山县志》。

即发也，但两目瞳子变黑而为蓝，面色淡黄，状类浮肿，至离任一月，则合门并命矣！余同寅郡守潘一品，粮厅官素士人父子、主仆、幕宾，皆死此药，无一人得脱者。①

滇中无世家，其俗重财而好养女。女众年长，则以归寄客之流落者。然貌陋而才下，虑赋谷风，则密以此药投之，能变荡子之耳目，视奇丑之物美如西施，香如苏合，终身不解矣。又有恋药、媚药，饮之者则守其户而不忍去，虽赀本巨万，治装客游，不出二站即废然而还，号曰留人洞。吾乡数十万人，捐坟墓，弃父母妻子老死异域者，大抵皆中此物也。②

僰夷一名摆夷，又称白夷……今禄劝之摆夷最弱，不能如迤西有名号风俗之盛，即他郡邑摆夷俗亦略同，其最怪者能为鬼魅，以帚系衣后，即变形为象马猪羊猫犬，立通术，或直冲行人，稍畏避之，即为所魅，入腰中食其五脏，易之以土，知者遇其所变物而捶之，必复为人，夺其帚而糜之，则哀求以家资之半丐脱，食中多置毒药中多必不治，客娶夷女者，欲出，必问还期，或一二年或三四年，女即以毒钳之，如期至，则以药解救，亦无他，若无尔，必毒发而死，所许还期即死日也，其毒或以牛皮或石白随物咒而用之，至期，如物形胀而死。与外人交易爽约失信及私窥其妻女者必毒之，信实厚朴者，累出入亦无伤。③

四、神秘遥控的咒蛊

---

① 见《西南史料丛刊》第十一卷第281页"滇中琐记·沅江蛊"，（清）杨琼著。
② 见《西南史料丛刊》第十一卷第281页"滇中琐记·和合"，（清）杨琼著。
③ 见《西南民族文献》第四辑第五卷第109-110页《滇海虞衡志》，（清）檀萃撰。

"蛊"作为古人假想的致命因素，还与鬼神因素纠缠不清，但相比单纯把疾病原因视为鬼神为祟，无疑是一个重大的进步，体现了人类对病因认识的一种物化趋势。不仅仅中原地区有蛊的传说，边远的西南地区的蛊毒有过之而无不及：

> 迤西南边夷使药害人名曰放歹，药入人腹中，久而成疟不化，人乃渐消瘦，其与人有仇，一念咒语即令人药发而死，其与人有私，一念咒语即令人药发而回头，惟所欲为，无不如意，真可恶也。然其始皆缘于挟邪尔我无猜，故能置歹药于饭食或肉蔬中，如与之无仇无私故亦不敢轻为此者。石屏余某茂才馆于沅江州属之村，余癖于赌，往往诱夷家子博，输而向夷家恶索，所？夷家含之放之以歹，死其兄及其季弟，及已予并至夷村愤与争讼，亦皆中其歹以死，可畏也哉！景东有一夷妇，年逾五十，？诱之官家健仆醮为夫，夫死而更醮，凡十数姓矣，闻此妇即善放歹者，貌如？盘茶而少年美丈夫往往为所？致，恋恋不能去，官知之，困禁仆人，其家仆卒，阴人焉，仆有已堕其术者官为驱仆离之去，乃二日而返竟无如妇何，官亦无如仆何也。①

另外，《封神演义》中姜子牙、陆牙"发箭射草人"杀死赵公明。《红楼梦》马道婆剪纸人鬼厌魅宝玉和王熙凤，使其差点送了命。《折狱龟鉴》所述梓洲白彦欢假托鬼神作法术诅咒杀人命案等，这些都属咒蛊。

五、古代小说里的治蛊之术

蛊毒确实害人匪浅，但它也不是完全无法可救的，古代小说里对治蛊之术也做了不少的介绍，根据蛊毒本体的特性，治蛊的方法也是多种多样的：

---

① 见《中国少数民族古籍集成》第87卷第307页《滇中琐记·放歹》。

其一，治草蛊和药蛊：服用草药土方。

治胡蔓草剧毒的药方：取母鸡孵的鸡蛋一个（没有长小鸡的），把它煮熟，研成细末，加一汤匙清油，中胡蔓草毒蛊的人每天服一次，就会吐出胡蔓草蛊。蛊在"上鬲"的，加用胆矾五分，放在热茶里溶化后服用，就会吐出蛊来。蛊在"下鬲"的，用郁金水二钱放在菜汤里服下，蛊也会吐出来。

《太平广记》里记载：

"治蛊草"，新州郡境有药，土人呼为"吉财"。解诸毒及蛊，神用无比。昔有人尝至雷州，途中遇毒，面貌颇异，自谓即毙。以吉财数寸饮之，一吐而愈。俗云："昔人有遇毒，其奴吉财得是药。"因以奴名名之。实草根也，类芍药。遇毒者，夜中潜取二三寸，或锉或磨，少加甘草。诘旦煎饮之，得吐即愈。俗传将服是药，不欲显言，故云"潜取"。而不详其故。或云，昔有里媪病蛊，其子为小胥。邑宰命以吉财饮之，暮乃具药。及旦，其母谓曰："吾梦人告我，若饮是且死。"亟去之，即仆于地。其子又告县尹，县尹固令饮之，果愈。岂中蛊者亦有神，若二竖哉。①

其二，治虫蛊：用枪射击、水煮火烧。

《滇中琐记》里有用枪击飞蛊的故事：

记数年前省城北门，夏月有兵丁夜坐，见有流光六七点，连属而飞如莹，兵知是飞蛊，以鸟枪击之，应手下一虾蟆，然则飞蛊不独是蛇也。炮火纯阳，能制阴邪之物，请即以鸟枪为治蛊之方可也。②

《滇中琐记·蛊毒》还记录了一种奇特的治蛊之术：

---

① 见《太平广记》下册第282-283页。
② 见《云南史料丛刊》第十一卷第133页"滇小记·飞蛊"，（清）倪蜕。

滇中夷妇有养蛊者，小儿多中其蛊，始由脏腑，达于头面，渐渍剥蚀溃烂，不可救药，及其中未久，延蛊医诊之，以水洗患处，盛水铜壶中，紧塞壶口，而引绳悬之屋梁，积薪燃火其下，肆烧煮之，集众围火而坐，烧一时之久，蛊在壶中不胜烧，及鼓荡其壶，向空四击，众不敢近，忽壶塞喷脱，水则跃出，为五色霞光，夺门飞去，水著人头目冷于水雪，竟不温也。烧后儿患稍愈可救，不则难救，蛊被烧时蛊妇在其家自觉烦炙，则出门，径向烧蛊家屋后逡巡招蛊，招之不得，炙极，则跃入湖池中，澡其身而后安，人见之，知为蛊妇，就厮打之，则长跪哀鸣。闻养蛊之家，姑死则殆蛊于妇，妇不能养则贻之外人，多因拾得巾帼或腰带而遂偕来也。养蛊者，月必两祭之，及夜具酒肉香楮祭而自食之。蛊夜出，妇招之，夜半闻呼猫作谜谜声，知为招蛊者。蛊妇性多泼悍，目大而睛碧如猫，众目之为不祥，而不敢明指之。其来人家，人则争匿小儿，惧其见而中毒焉。蛊有内蛊外蛊，外蛊中人家儿，内蛊则自中其儿，非我能解免者。又有名骡子蛊牛马蛊者能盗致人家财谷，于农家露谷于场，必以夷刀夷矛插谷堆中，防蛊盗也。①

不仅仅是治，我国古人还十分重视对"蛊"的预防。据《周礼》记载，周王室设置了专职官员"庶氏"负责除毒蛊，《周礼·秋官·庶氏》云："（庶氏）掌握毒蛊，以攻说桧之，嘉草攻之。"东汉郑玄注："毒蛊，虫物而病害人者。"对"蛊"这种能病害人的毒物，庶氏采用祭祀祈神（攻说）与药物（嘉草）双管齐下的方法进行祛除。《史记·秦本纪》中有国君亲自主持"御蛊"的一记载："（秦德公）二年初伏，以狗御蛊。"《史记正义》注："蛊者，热毒恶气为伤害人。"其认为"蛊"为致病的热毒恶气，通过以狗祭神来防御蛊毒。

古代小说里的蛊毒种类很多，我国各个地区的蛊毒种类不完全一样，治蛊的方法也不尽相同，治蛊时只有明确了所中蛊毒的种类，有针对性

---

① 见《中国少数民族古籍集成》第87卷第307页《滇中琐记·蛊毒》，（清）杨琼著。

的治蛊，才能够达到驱除蛊毒的目的。畜养蛊毒以害人的做法，不但古代小说中有记载，民间也多有传说，究竟是确有其实，还是以讹传讹，至今尚无资料可以证实。然而，即使存在着这种做法，也不可能具有普遍性，只有客观科学面对明清时期缺乏先进科技文化的云南少数民族的深山密林、面对众多文人笔下的让人谈之变色的蛊毒，并且将它放在特定的背景下加以考察，才能够使我们真正看清蛊毒的原貌并理解其意义。

用少数民族特性释《桃花源记》中的若干疑问

【摘　要】陶渊明一篇《桃花源记》，千百年来引无数遐思。文中许多疑问，亦引发无数文人学者的猜测和推断，至今仍为文学史上的不解之谜。本文梳理出四个方面的疑问，从少数民族特性层面进行分析解读，以期获取令人信服的解释。

【关键词】少数民族特性　释疑　桃花源记

学界上，有学者曾提出陶渊明是少数民族，且追溯到其家庭历史，指出温峤曾经骂他的曾祖父陶侃这位大司马是"溪狗"，封建史家也说他"望非世族"，"俗异诸华"[①]对此判断，也有相当数量的学者提出相左意见。笔者认为，无论陶渊明本人是不是少数民族，《桃花源记》中的少数民族特性却是显而易见的。

一、《桃花源记》中的若干疑问

《桃花源记》中，主要有四个方面之疑：

其一，语言交流的问题。从"避先秦时乱"到"晋太元中"，相隔六百多年，从汉文化的角度来考察，春秋至秦，古楚语、湘语在两湖及武

---

① 逯钦立校注.《陶渊明集》，中华书局 1979 年 5 月第一版，第 203 页。

陵地区均处于垄断地位，到了东晋，武陵及周边大部分地区都使用西南官话，毫无疑问，语言上是根本无法顺利交流的，然而，渔人却能和桃源里面的人交流自如，从一开始的"问从所来，渔人俱答之"，到最后告诫他"此中不足为外人道也"，丝毫无障碍，这是一个很大的谜。

其二，服饰的问题。从秦时到东晋，半个多世纪过去，服装的变化和改革是毋庸置疑的，里面的人避乱时着的是秦时服装，六百年来从未和外人接触过，他们的服饰不会有多大变化，桃花源诗中也说"俎豆犹古法，衣裳无新制"，可是为什么渔人眼里还"男女衣着，悉如外人"？

其三，对于桃花源里的人来说，看见"渔人"不异于看见天外来客，类似我们今天看见外星人，为什么他们没有恐惧甚至不安，没有把他轰出洞外，还问所从来，且邀至其家，设酒杀鸡作食，一如对待家中贵客呢？

其四，村子里的其他人家听说有这样一个陌生人之后，为什么不出于安全之见关门闭户胆战心惊或是躲藏起来，还一家一家的邀请他去吃饭，好酒好菜地招待？

如从传统的汉文化来解读这篇文章，是困难重重的，答案无法令人信服。但是，从少数民族的角度来分析，上述问题就会迎刃而解。

二、解答"问所从来，渔人俱答之"等语言交流之疑

从《桃花源记》中可以看出，自桃花源人见到渔人"问所从来，渔人俱答之"，到最后的"勿与外人道也"，他们之间的对话是无障碍的，完全能相互交流和沟通。尤为关键的是双方交谈的气氛是轻松愉快的，交流时间也比较长，彼此都给对方提供了自己的信息，只有在语言相同的情况下才能做到这一点。渔人怎么可能和桃花源里的人交流沟通呢，隔了六百年时空，语言还会一样吗？我们现在距离明初也是六百年，明朝人说的话我们现在能听得懂吗？

语音学上，从秦到东晋时代，汉语语音大的演变就有三次：第一次是西周雅言（秦音，又称华夏语）→西汉通语（又称汉语）。周平王念秦人护送东迁之功，封之于西周故地，语言上承袭西周雅言传统，是为"秦

音",但秦不久就被刘汉政权所取代,又改称国号为"汉",雅言秦音改称为"西汉通语",即汉语,此称呼仍沿用至今。第二次演变是西汉通语(汉语)→东汉洛话或晋语(又称中原音),东汉时主导语言则转变为以周代镐京在洛阳的后代"洛话"或"晋语"为代表。其后又经曹魏、西晋两代,历时近三百年。[①]第三次演变是东汉洛话或晋语→东晋南方雅言、金陵雅言,或称南音、吴音。"永嘉之乱"后,晋元帝司马睿于建邺建立东晋。于是相当数量的西晋士庶向南迁移,其使用的西晋洛下语在迁移过程中沿江淮地区广为传播。同期,北方的移民亦沿着中路迁移至洞庭湖地区。由于迁入了大量的移民,两湖地区原本处于垄断地位的古楚语——湘语逐渐被后来形成的西南官话所取代。

由此可见,时隔六百多年之后,同一地区的语言差异是巨大的,根本就无法交流。

但是,从少数民族的角度来分析就不同了。据汉时杨雄《方言》考证,当时汉语和少数民族语言共存:西部地区属氐羌藏缅语;北方胡狄阿勒泰语为一层次,三晋语、幽燕语、朝鲜语为次一层次;东部除朝鲜语外,往南分别为齐鲁语、吴越语,南由西而东则有巴蜀语、南楚语及最南边的苗蛮百越南亚南岛语;华夏汉语居中原地区,《方言》称为"凡语""通语"。形成了中原地区的汉语和少数民族区域的民族语共生共存的语言格局。从夏朝三苗被打败退出中原起至秦朝,长江中下游大部分民族都属于百越民族,使用百越语言。

尤为值得一提的是,少数民族的语言由于其本身的特殊性和局限性,尽管时光流转,从古至今也无多大变化,在此不加赘述。由此可推断,武陵"渔人"本身即便不与桃源人同属一个少数民族同一个语族语支,至少也是一个精通其民族语言的人才,能与之交流自如。

三、解答"男女衣着,悉如外人"的服饰之疑

[①] 周祖庠. 新著汉语语音史[M]. 上海辞书出版社,2006 年 6 月第一版,第 11 页。

《桃花源记》一文有"其中往来种作,男女衣着,悉如外人",从字面上看,这句话简单易懂,毫不生涩,意思是"男女的穿戴跟桃源外面的人完全一样"。稍加思考,问题就来了,桃源人"自云先世避秦时乱,率妻子邑人来此绝境,不复出焉,遂与外人间隔",从避先秦时乱,到东晋太元中,已过六百多年,他们一直过着与世相隔的生活,与外界是没有交往和沟通的。这六百年中,外面的世界改朝换代若干,服饰更替已无数,为什么桃花源中的衣着还和外人的一样呢?难道六百年来从没出去过的他们就那么时尚,那么与时俱进吗?其实,从《桃花源诗》"俎豆犹古法,衣裳无新制"一句,可以确定桃花源人还是穿着秦时服饰。"俎豆"之意是祭祀的程序仪式,"新制"则指新的款式。文中以"犹"和"无"、"古法"和"新制"相对,目的是想通过祭祀和服饰这两个层面,来具体说明"桃花源"内的习俗仍沿袭着"来此绝境"前的先秦古风。

据有关史料,先秦时期服饰,风格古朴简单。及至汉代,服饰发展已极为迅速,着装有了新的突破,服饰名称亦有了细致的区分,先前的"衣"和"裳",汉代新命名为"襦"和"裙"了。从时间上看,仅从秦末至东晋太元年间就有六百多年,服饰变化之巨更是不言而喻的。所以,把桃花源人古朴简单的着装说成"完全像桃花源以外的世人",显然是非常牵强的。多年来,许多学者因无法解释此疑问,就生硬地把"外人"一词附会多种含义,如"桃花源以外的世人""尘世以外的人"或"现实社会以外的人"[1],有学者还试图以字面联想为线索来找出答案,说"这里写的男女衣着,悉如外人"并非指男女的具体服饰同外人一样,而是指桃花源中的一般生活习俗与外人无异。[2]更有甚者把此句理解为:"山洞中的人也来来往往种地做活,男男女女也都穿着衣裳,看起来完全跟山洞外边的人一模一样。"[3]

如果从少数民族的角度来分析,问题就迎刃而解了。从秦到东晋,

---

[1] 程庆园.《桃花源记》中"男女衣着,悉如外人"之"外人"辨[J].徐州教育学院学报,2004年4月第19卷第2期.
[2] 海军.桃花源中的"男女衣着"辩[J].殷都学刊,1986第1期.
[3] 谢伯良.也谈〈桃花源记〉中的"外人"[J].北京师范大学学报(社科版),1991第3期.

两湖地区及周边广大地区的少数民族以百越民族居多,所以即便是过了六百多年,岁月更替朝代变迁,桃花源内和外面的服饰都无多大变化。可以断定,无论渔人眼中的桃源人还是"世人",都属百越民族,而且桃花源及其洞外周边的百姓(渔人沿途所见的百姓),是同一种少数民族甚至同一支系,其衣着服饰才会是相同的,我们甚至可以大胆地推测和渔人所生活的那个环境里的人也是同一个民族甚至至同一个支系。因此才有了作者笔下的"男女衣着,悉如外人"之说。

四、解答"便要还家,设酒杀鸡作食"之疑

"见渔人,乃大惊,问所从来。具答之。便要还家,设酒杀鸡作食。"按照常理,桃源人的祖先是逃难避乱才躲进了桃花源的,桃源人对外界人应该是惊恐惧怕的,为什么见了渔人只是看到他的第一眼虽然有些吃惊,但是接着就邀请他到家里做客,并且杀鸡作食盛情款待,就像见到亲人一样。在少数民族地区,对待客人,不管相识或者不相识,无论是亲朋还是好友,只要你不带敌意、没有攻击他的意图,都会热情相邀,盛情款待,因为他们认为有客来访是一件很荣耀的事,是一种吉利的兆头,直至今天,百越民族仍保留这种心理认同感。

按照百越民族的风俗习惯,招待客人的首选之物便是酒和鸡。"无酒不成礼,说话不算数",人与人之间的交往一般是不可无酒的。访亲拜友时以酒为礼,迎宾接客时执酒显敬,致谢感恩时用酒表情,消仇言和时饮酒示诚。礼尚往来之"礼",集中表现在酒上。酒成为人际关系的粘合剂。酒是少数民族的伙伴,是自家用粮食酿造的土酒,待客更是必不可少的,而且得用大碗喝,怎么喝也有许多的讲究,还要对着客人唱上祝酒歌。鸡的谐音是"吉",少数民族认为客人到来就是一种吉祥的象征,为非常吉利之事。为客宰杀的鸡,鸡肠须保持完整,剥开清洗后,不得切断;切鸡块时,鸡块必须和来客人数相等;分切顺序也有一定讲究:首先是鸡头,其次是鸡翅,然后才是鸡身。入席后,由主人家年长者将鸡头(上缠鸡肠)、鸡脖子、鸡肝和少许鸡血,献给最年长的客人,意为

"肝胆相照""肠（常）来肠（常）往"，及至年长客人把鸡头吃下，酒席才正式开始。直到今天，由百越民族分化而来的各少数民族也都保留着用美酒和杀鸡待客的习俗。

从这个角度上来解读《桃花源记》，渔人进入桃花源后受到"便要还家，设酒杀鸡作食"的款待是很正常的了。

五、解答"余人各复延至其家，皆出酒食"之疑

在《桃花源记》中"村中闻有此人，咸来问讯……余人各复延至其家，皆出酒食。停数日，辞去"一句，译成现代汉语就是："村里的人听说来了这么一个人，就都来打听消息……其余的人各自又把渔人请到自己家中，都拿出酒饭来款待他。渔人逗留了几天后，向村里人告辞。"这就是说，六百多年来，几代人从没和外界接触过的桃源人一听说有陌生人到了，并没有怀戒备的心理来细细盘问他的来历或是把他关押起来，相反还像对待亲人似的好酒好菜招待这位不速之客好多天。这显然有着少数民族热情豪爽、好客的影子。

按传统的心理分析，桃源人的祖先是逃难避乱才躲到桃花源里的，有外人闯入，唯恐其带来什么灭顶之灾，应该是避之不及的，为什么还无所畏惧的"咸来问讯呢"，如果无所畏惧，多年来他们为何不出山和外人接触沟通呢。还有，既然问讯后都知道自己想要了解的情况了，为什么还要一家接一家地邀请渔人去吃饭呢，有这个必要吗？

只有从少数民族的待客之道来看这个问题，才能得到全面的解答。

少数民族在长期的社会生活中形成了自己独特的待客礼俗。他们对待客人热情礼貌，周到细致。尤其是稀客、贵客来访，有"一家客人全寨亲"之俗，不仅主人家热情款待，主人家的兄弟姐妹、同族、姻亲、邻居乃至整个村寨的人家都会接踵而来真诚邀请，直到今天，在少数民族村寨，仍保留这一风俗习惯。另外，在百越民族的观念中，客人推辞或拒绝邀请则是看不起主人，为失礼之举。如果客人停留时间短暂，来不及逐家久坐，也要到各家的酒席上致谢，浅尝几口酒菜即辞别，然后

赶往下一家。有时一顿饭要走好多家，稀客或贵客一天要走遍整个村寨，最后总是载着主人的深情厚谊乘兴而返，这一形式称为赴"见面席"。

如此来解读"村中闻有此人，咸来问讯……余人各复延至其家，皆出酒食。停数日，辞去"就能把上述疑问完全解答了。

《桃花源记》是一篇美文，可以当作虚构的文学作品来欣赏，亦可当作历史故事来探索，无论从哪一个层面来认识它，都必须掌握先秦到东晋的历史，了解当时当地的民族居住情况、语言使用情况、服饰穿着情况以及该民族的风俗习惯等情况，结合少数民族特性来分析其中的疑问，这样才能更深入地认识《桃花源记》，得出令人信服的解释。

《南蛮竹枝词》中的云南壮族风情

【摘 要】清代,在云南文人所作的"竹枝词"中,有相当一部分描写壮族儿女的生产劳动和生活习俗,其中,以景东县令黄炳堃的《南蛮竹枝词》为最,本文把这些竹枝词按壮族的支系加以分类研究,从更高、更深的层次剖析清代云南壮族独特的乡土文化和民族风情,对研究云南方志学、民俗学、民族学、历史学、文化史以及少数民族风情具有较高的参考价值。

【关键词】南蛮竹枝词 云南 壮族风情

清代黄炳堃的文学创作中,数其"竹枝词"的成就最高,他的《南蛮竹枝词》真实地记录了当时云南各少数民族多彩的习俗,以其质朴刚健的写实笔法、清新隽永的独特风格,成为中华民族文学艺术宝库中熠熠生辉的艺术珍品。其中,不乏描写云南壮族人民生产劳动和爱情生活的篇章,作者记录下了红巾青帨、佃种原田、寝处干戈等壮族历史,包含了壮族人民的服饰、生活、生产、信仰、爱情、建筑等内容,是研究云南方志学、民俗学、民族学、历史学、文化史的重要素材,同时也为我们今天研究清代云南壮族人民独特的民族风貌保存了不可多得的民族文化资源和厚实的民族文学遗产。

一、壮族土支系风情:女方荐婚、佃种佣耕、崇尚巫术、盛装祭山

"土僚",自称"布傣",也译写成"布岱",部分叫"傣格莱"和"德

僚"。因其服饰有别，又有"白土僚"（僚考）、"黑土僚"（僚丹）和"花土僚"（僚莱）之分。土僚人有时也自称"土族"。侬人和沙人都称之为"僚"或"布僚"，当时汉族人称其为"土僚"。明、清时期居住于蒙自、开远、个旧、金平一带，以后迁徙至文山、广南等地。在《南蛮竹枝词·土僚》中。"土僚"的婚俗习惯是别开生面的：

酒馔提携到婿家，翁婿风趣也堪夸。
小年处处闻锣鼓，一月春头着意挝。

结婚时，不是新郎去迎娶自己的爱人，一反常态的是岳父亲自送女上门，这样的习俗今天已不存在，我们只有借助文献和诗歌领略这种独特的婚礼仪式。据《广南府志》记载，元明清时期婚俗为："花土僚……婚不亲迎，送嫁者携酒食，以荐婿家祖先。"①民国《马关县志·风俗志》说："花土僚……新妇徒步，行不舆马，衣花绣，婿不亲迎，送嫁者携带酒食以荐婿家祖先。"②本首竹枝词写的是结婚时，新郎不去迎亲，而是岳父送女上门，并自带酒肉饮宴于女婿家中，恰好新婚佳期正值壮族人民的节日"过小年"，锣鼓喧天的节日气息给婚礼增添了非凡的热闹和喜庆气氛。壮族人民的过小年是有来历的，相传宋朝年间，交趾人经常来侵犯骚扰，抢牲口，劫财物，弄得鸡飞狗跳，民不聊生。有一年，接近年关，交趾人又来骚扰。奉官府之命，男人们持刀枪出击。在家的人等着出征的人们回来一起过年，左等右等，一直到正月三十的早上，才将他们盼了回来。为庆祝他们抵抗交趾人胜利归来，人们决定给外出打仗的人重新过年，于是决定在正月三十或二月初三补过年节，称为过小年。③故每年新春，自正月至二月，居住在文山州的壮族沙、土支系，全村击铜鼓跳舞作乐，快快乐乐地"过小年"。

---

① （清）林则徐等修，李希玲篆：清光绪三十一年重印抄本影印《广南府志》．成文出版社1967年版，第2页。
② 杨宗亮：《壮族文化史》，云南民族出版社1995年版，第181-182页，第107页。
③ 林超民主编，王志芬编著：《云南乡土文化丛书·文山》，云南教育出版社2003年版，第122页。

铜鼓是壮族人民心中的神物，与壮族先民的生活有密不可分的关系，在古代是传递信息、发布号令的重要工具，是祭祀、赏赐、进贡的重器，它的社会作用和其它文化产品一样，是随着其民族的社会发展而变化的，最原始的功能如传讯与财富象征等已逐渐淡佚，但作为礼器的神圣性至今犹存。壮民族素来有在节日庆典和喜丧祭祀等日子击打铜鼓来表示庆贺或悼念之情，人们常在喜庆的节日里敲奏它伴以歌舞，在宗教的活动中祭祀祖先，祈求神灵，人安粮丰，这一风俗一直沿袭至今。

元、明以前，今广南、富宁与广西西部连接地带的僚人，以"花角僚""山僚"见称，清代以后，"山僚"则被别称以"花土僚""白土僚""黑土僚"等。聚居于富宁一带的"土僚"甚多，而本民族自称为"土人"或"土族"，意为最先居住在该地的人。①据天启《滇志》卷三十记载："土僚，其俗本蜀、黔、西粤之交流入滇，亦处处有之。而石屏、嶍峨（今峨山）、路南较夥。男子首裹青帨，服白麻衣，领上缀红布一方。妇人冠红巾，衣花绣胸背衣。嶍峨者樵苏自给，路南者为人佃种，屋庐与僰人（按，百夷，傣族）同，新兴（今玉溪）者居西山之麓，服食婚丧，习同白罗。以孟冬朔日为岁首。"②"青帨"此处指青色的佩巾，《南蛮竹枝词·土僚》有这样的描写：

红巾青帨白衣裾，佃种原田五亩余。
羊鼓冬冬巫起舞，孟冬朔日是春初。

本竹枝词描写明清之际从文山、广南、富宁等地流动到路南等地的土支系，男子留短发，头上用1.5米长青布折叠布条打包头，穿着白麻衣，衣领上缀有一块方形红布，妇人冠红巾，衣花绣，为人佃种佣耕，以求温饱，以孟冬朔日为岁首，其流动性较大，不甚稳定。壮族"土僚"支系明清时期还以农历十月为岁首，并于此时过大年。乾隆《开化府志》卷九说："十月祀先墓祭，僚夷过大年。"光绪《云南通志》卷十说："白

---

① 王懿之：《云南上古文化史》，云南美术出版社2002年版，第166页，第165-166页，第165页。
② 尤中：《云南民族史》，云南大学出版社2006年版，第400页，第320页。

土僚，十月朔日为岁首。"这部分壮族以十月为大年，正月间为其小年。张无咎雍正《临安府志》卷七载，临安府（治今云南省建水县）的"土僚"（壮族一个支系），以十月朔（初一日）为岁首。李熙龄道光《普洱府志》卷十八也载，普洱府（治今云南省普洱县）"白土僚""重农力稿，卜居近水，以便耕作。十月朔（初一日）为岁首，习汉语"。

  壮族的巫教，有巫公、巫婆。巫婆壮语叫"雅禁"，俗称禁婆。她们多声称是神鬼的替身，可沟通阴阳两界，能卜吉凶、问鬼怪，跳神驱鬼治病。巫婆多单独活动，能说会道，善于察言观色，而且多是民歌高手。巫公（师公）活动方式与巫婆不同。古代他们进行茅卜、鸡卜、鸡卵卜、鸡骨卜、牛卜、田螺卜、箴卜等。巫公是巫教向宗教最高发展的标志，但它还没有达到世界三大宗教那样的高级阶段。它没有全民族统一的组织，教义，收徒、作法也不统一。大体上是一个小范围（区或乡）有一个"老师公"当头领（师父），活动限于几十里范围。师公的活动之一是跳神，每年几次，内容是祭祀、敬神、游神，以后发展到立庙、安龙、打醮。跳神时边唱边舞，舞蹈有花灯、鲤鱼跳龙门等，是按一定的符箓路线走的。铜鼓在云南壮族地区广泛使用，特别是喜庆节日，男女老少欢聚一堂，击铜鼓，跳群舞，场面热烈，颇具风姿，鼓舞的形式也是多种多样的，用处极多。比如：祭祀祖先、干旱求雨、消灾驱邪、鼓舞士气以及庆祝丰收，等等。

  在《南蛮竹枝词·土僚》中，"土僚"有盛装祭山的风俗：

    剪彩如花碎簇成，方裁细贴背胸平。
    年书大有隆秋报，群饮山头长幼明。

  民国时期《邱北县志》说："土僚，状类摆夷，惟妇女以黑布盖头者为黑土僚，花布盖头者为花土僚。亦读书，习尚与摆夷同。"本首竹枝词写的是土支系的衣着及风习。妇女多穿短衣，常用五色碎锦或碎布簇缀为四方锦于胸前胸后加以装饰，称之为前黻后黻，富有者短衣上的前后黻还以银泡钉制为装饰。土支系妇女的衣服，为何有一个方形的前后黻？相传那是在明、清年间，交趾国（今越南）经常来文山骚扰，抢夺牛马钱物。男人在前方抗击入侵，女人在后方种庄稼。有一年修开化府城，要在四周筑起高一丈八尺、长七百二十八丈的城墙御敌。土支系的妇女们，用双肩卡有背板、额头勒着背带的背篓，一转又一转的背土筑围，背砖砌墙，起到了十分重要的作用。为此，官府特让土支系妇女在衣服前后绣上像当时的官员一样的黻，以示嘉奖，前黻和后黻又写作"前补"和"后补"，其意为前赴后继地相传下去。①

据董一道所编绘的《古滇土人风俗图志》中记载："祭山为夷民普通的风俗，于中秋月，择辰寅日祭，多备酒食齐集山巅，认一大石为神，宰牛羊作祭品，夷众向石罗拜，吹牛角螺蛳鸣鼓放炮终日不间，祭毕，即剖碎牛羊，生熟各半，皆用葱蒜调和，相聚饱食，不醉无归，谓可以祈福避鬼消瘟除疫矣。"该民族于每年秋收农事完毕，各家携带酒菜，共赴田间，祭祀天地土谷神灵，共同庆祝丰收，然后，以长者席地而坐，少者跪进酒食，长幼有序，相敬如宾，名曰"祭山"。②壮族人民历来把山、树、龙视为神圣的一体，祭山神也就是祭树神、祭龙神，每年都要为之祭祀，祭祀的日子也不尽相同，据《中国西南文献丛书》记载："祭龙，夷民视为祈福避鬼之要典，十室之邑皆奉行之，每逢春秋两季，择辰日就丛林密枝中认一大树为神，束松枝，其上虔设香醴并牛羊豕各一，夷众各新冠服，向树叩头朝夕即会食林中，大烹酒肉，尽欢而散，所祭的树名祭龙，树折叶不许折伐以触神怨，男女有恙，即向龙树祷祈，决不医药，谓树神我佑而自痊愈矣。"③

直到今天，广南县的壮族仍保持着这种独特的祭祀仪式，壮话称之为"祭竜"，祭祀这天，村寨的男人们老老少少挑着锅头碗盏、酒、饭、佐料等，聚到"者"（竜山）上，共同分享用来祭祀"者"的大肥猪。杀猪不用水除毛，杀死后未除毛就先掏出五脏六腑，然后用稀泥糊满猪身，以旺火烧烤，至泥焦皮香而成。除祭祀外，利用众人聚会的机会，老人

---

① 刘德荣，高先觉，王明富编著：《云南风物志丛书·新编文山风物志》，云南人民出版社2000年版，第61-62页。
② 季羡林名誉主编，徐丽华主编：《中国少数民族古籍集成》（第八十七卷），四川民族出版社2003年版，第57页。
③ 梁公卿总主编：《中国西南文献丛书》第四辑第七卷"古滇土人风俗图志"，兰州大学出版社2003年版，第132页。

常常向青年人讲述民族根源、家族历史、磋商本村内之公益活动和制定村规民约。祭祀之目的一般而言，是为祈求神灵保佑人丁平安、风调雨顺、五谷丰登。因各地之自然环境不同，在旱情容易产生的地区求雨目的强，在雨水充沛地区，则另有他求。如师宗五龙农历五月第一个属鼠日"祭竜"，其目的是祈求庄稼长得好，不受病虫鸟兽害。①

二、壮族沙支系风情：卜居近水、重农鄙商、擅长捕鱼、恋爱自由

沙人（布雅依）名称，宋代已经出现。在明、清地方志书之中，多与侬人并提，一同记载，且有"白沙人""黑沙人"之别。在《南蛮竹枝词》中对沙人是这样描述的：

郎家近住河渠边，妾家近在前岭前。
愿郎勿逐贾人利，朝朝看中南山田。

喜居水边、钟情于水的壮家人在其漫长的发展历程中，创造了丰富灿烂的农耕文化，他们特别重视男女耕种的能力并以此来评价别人，散居深山及河渠者，均以耕种为业。据《元史·忽辛传》载："广南酋沙奴琢强悍，宋时尝赐以金印。"此沙奴，即为壮族之一支沙人。沙人很早就与侬氏居住于今文山州广南、富宁一带。宋元以后，沙人即以广南府为聚居中心，并分散于邻近各地。②多居住在今天的云南文山州富宁、邱北、砚山、广南等地，壮族人民历来勤劳能干且有鄙商观念，清乾隆《镇安县志》有云："男妇专事耕种，无别生活。"民国的《昭平县志》说道："但知耕种，不谙贸迁。"至于专门从事远距离的、大宗土商品买卖的壮人，或者成为"离乡离土"的、与外来人者进行交易的人更是少见，他们认

---

① 杨宗亮：《壮族文化史》，云南民族出版社 1995 年版，第 181-182 页，第 107 页。
② 王懿之：《云南上古文化史》，云南美术出版社，2002 年版，第 166 页，第 165-166 页，第 165 页。

为经商者大秤进、小秤出，抬高物价，牟取别人的血汗钱，也是不道德的，因此商人受到鄙视。壮族地区商品经济不够发达，经商的人少，史籍上也记载"唯知耕作，不事商贾"。这点，除人们生产力水平低以外，与鄙商的道德观念密切相关。走村串寨的商贩，用一枚针、一根线换农民几斤米、几斤豆，甚至一只鸡、一只鸭，总感到商人奸巧，自己吃亏，但不换又不行。上街卖猪卖米，见商人嘴滑，讨价还价，又哄又骗，诚实而又不善言辞、汉语也不大熟练的农村壮人，见到他们从自己手里买走东西后，转手又高价倒卖，从中赚钱，心中甚为恼火，总感到商人在欺诈乡下人。他们老实诚朴的本质和有些商人一本万利的观念是格格不入的，自己不愿经商，片面认为经商是"奸巧"的人从事的事，也劝告子女不要经商，不要做奸巧的人。故他们与杂居的从事农业或手工业劳动的汉族人通婚的较多，与经商的汉族人通婚的极少。当然，随着生产力的发展和社会的进步，壮族先民也突破小农经济的"樊篱"，尤其是"不问商贾"陈旧观念，现已被抛弃。

道光《云南通志》引《清职贡图》说："沙人，散处广南、广西、曲靖、临安、开化等五府。"广南府的沙人主要分布在其东北部、北部及土富州，分化成白沙人和黑沙人。道光《广南府志》卷二记载："黑沙人，散处溪。""气势汹汹和人，散居四乡……衣服尚白色，惟土富州有此。"在《南蛮竹枝词·黑沙人》中，有专门对黑沙人的描述：

> 朝同携网渔上游，暮同携网临下流。
> 朝朝暮暮随郎去，捕得肥鱼不用钩。

本首竹枝词写散居四乡的壮族儿女，闲暇之日在河内捕鱼，既用网罟，亦用钓钩，又频入水摸取，且俱获大鱼。可以看出，虽然生活条件很艰苦，但是壮族儿女并没有怨天尤人，他们对生活的态度是积极乐观的，壮族女性对爱情的追求是自由自在的，没有传统的礼教下的男女授受不亲，非礼勿视、非礼勿听那种束缚，她们和自己心爱的人朝同携网渔上游，暮同携网临下流，无论清贫与否，只要能朝暮相守，就心甘情愿了，和在礼教森严的封建社会中无条件服从父母之命、媒妁之言的汉族女性相比，她们能够任意选择自己的爱人，实为大幸！

三、壮族侬支系风情：自筑干栏、家无床椅、身携镖弩、枕戈待旦

侬人名称早见于宋代史籍，是广西壮人侬智高的后裔及随从者。元朝于特磨道设广南西路宣抚司，并设置土官，其土官皆为侬智高后裔（天启《滇志》卷三十），录属云南行省。[①]侬人的分布区域，自特磨道（今广南、富宁）散及教合山部一带（今文山、西畴、麻栗坡、马关）。[②]在《南蛮竹枝词·侬人》中是这样描述侬人的生活习性的：

> 居楼滨水傍深丛，两广西南俗略同。
> 寝处干戈习兼并，无衣真欲赋秦风。

侬人来源于唐宋时期的"西原蛮"，其得名，始于宋代，明史家说其来源与侬智高有关。乾隆《开化府志》卷九说："侬人，广南侬智高遗种，散居八里十之五六。"清代史籍沿用此说。居住在两广及西南地区的壮族人民风俗基本相同，无论是侬支系、土支系还是沙支系，壮族儿女都喜欢依山傍水而居，村落多选在地势较高，背靠青山，面临河溪的地方，以向阳为佳，坐西向东，或坐北朝南。历史上壮族多聚族而居，秦汉之后，随着各民族的迁徙、通婚，逐渐打破"举峒纯一姓"的状况，但自给自足的自然经济使聚族而居的村落结构至今仍未彻底改变。他们根据当地炎热潮湿的气候和蛇虫出没的环境特点，发明了干栏式居住建筑，干栏，也叫木楼、吊脚楼，多为两层：上层一般为3开间或5开间，住人；下层为木楼柱脚，多用竹片、木板镶拼为墙，可作畜厩，或堆放农具、柴火、杂物。整座干栏除正门外，上层侧后都开有便门，可通屋后山地。这种建筑不仅通风、采光、照明功能良好，而且还可有效地防避瘴气，抵御野兽蛇虫袭击，减少风湿病的发生，在西南地区极具适用性，因此这种建筑一直沿用至今。

[①] 王懿之：《云南上古文化史》，云南美术出版社2002年版，第166页，第165-166页，第165页。

[②] 尤中：《云南民族史》，云南大学出版社2006年版，第400页，第320页。

壮族自先秦以来就有"全民皆兵""全民御敌"的传统，各寨男女"有事出战，无事归农"，一旦有匪患或他乡侵扰某寨，全族全体出动，男子当先，妇孺继后，以勇为荣，不避锋刃。"侬人……男女勤耕织惯挑棉锦，楼居无椅凳，席地而坐，脱履梯下而后登"，①《清代民族图志》中也提到侬人"喜楼居，脱履而登，坐卧无床榻……性悍好斗，出则携镖弩"②，在氏族社会里，恩格斯所说的现象在瓯骆地区较为典型的存在着，即"个人依靠氏族保护自己的安全"，"凡伤害个人的，便是伤害了整个氏族"，③因此全族出动进行复仇的事情时有发生。此外，还由于壮族聚居的地区，大都山峦起伏，江河溪沟密布，林木茂盛，加之气候骤变，空气中湿热交蒸，多有虫毒的滋生，村落附近常有野兽出没等原因，壮族人民出入多佩带弓枪，没有战事的时候也得枕戈待旦，以应对自然界中的野兽毒虫，所以，其传统的兵器制造业较为发达。

《南蛮竹枝词》中，涉及侬支系的虽然只有这一首，但是，包含的内容是相当广泛的，把侬人的干栏建筑、楼居无椅凳、坐卧无床榻、出则携镖弩、枕戈待旦的习性都涵盖其中，为我们深入了解和研究古代壮族侬支系提供了珍贵的第一手资料。

四、《南蛮竹枝词》入志、存史的思考

就"竹枝词"而言，来源于民歌，而云南本身就是一个民歌的海洋，为"竹枝词"的诞生提供了得天独厚的温床。黄炳堃用"竹枝词"这种形式为我们记录下了一个真实的云南少数民族的生活和历史，以民俗入词、以词存史，数量之多，种类之全，前所未有，为后人留下了一笔丰

---

① （清）林则徐等修、李希玲纂．清光绪三十一年重印抄本影印《广南府志》，成文出版社1967年版，第2页。
② 李泽泰，刘如仲：《清代民族图志》，青海人民出版社1997年版，第40页。
③ 恩格斯：《家庭、私有制和国家起源》，人民出版社1972年版，第24页。

厚的文学遗产，载入景东县志。这一现象说明：其一，当时的汉文化对少数民族地区文化已产生了很大的影响，"竹枝词"这一创作形式，已流传到了云南少数民族地区。其二，长期以来对云南少数民族的轻视和排斥有所减轻。汉民族对少数民族的传统文化有了一定程度的认知并认可。其三，黄炳堃做过多年景东县县令和腾越知府，在景东主持过诗社"稻香吟社"，召集近城士子课正文诗词赋曲每月三次不等，一时文风大盛。并编修过地方志，因此后人以他的作品入志，再恰当不过。以云南民族竹枝词入志的还有清代建水曲江的张履程，乾隆五十七年（1792年）举人，历任陕西大荔、吴堡、商南、华阴知县。居官平易廉洁，凡事关民生者，不计利害，慨然承担，因而深得民心，每去任老幼泣送，其《云南诸蛮竹枝词》，为云南地方史志界所推重。

黄炳堃虽不是土生土长的云南本地人，其出生地在广南新会，但他对云南的熟悉和热爱并不比真正的云南人逊色，除了做景东县令他还担任过多年腾越知府，在云南生活了二十多年，一直生活在各民族中间，晚年离官后足迹遍布云南的山山水水，实地考察了解各地的风土人情，足迹未到之处，根据传闻和典籍，写下了一百零九首《南蛮竹枝词》，最后卒于云南楚雄。《南蛮竹枝词》内容丰富，生动真实，他在序言中写道："滇僻西南，夷蛮杂处，种类实繁，盖欲得其土风俗，尚俾治之者有所考，非但徼远来称盛治而已。昔长洲尤西堂（尤侗）先生有《外国竹枝词》，因仿其例，《南蛮竹枝词》，几一百一十三种，惟求备工。异日故园远去，二三朋友，藉口清谈，未始不可作王会图观也。"由此可见，他当初写"竹枝词"的初衷是给朝廷提供对云南少数民族施以教化的参考资料以及作为日后归乡和亲朋旧友的闲谈内容，可以看出，作为一个地方官员和文人，他一开始是用新奇的眼光来看待和搜寻云南少数民族习俗的，但是，随着考察的实际深入，作者的态度发生了质的变化，他先是好奇，如:《土僚》中送嫁者携带酒食以荐婿家祖先、以孟冬朔日为岁首、丰收时节群饮山头等多姿多彩的少数民族习俗。后来，当他和少数民族相处一段时间后，有了更多的认识和感受，态度就转为深深的同情，最后变成了少数民族的代言人，站到少数民族的一边，用手中的笔把少数民族多彩的习俗和贫穷苦难的历史用"竹枝词"这种特殊的形式真实记载下来，最后人志存史。

　　《南蛮竹枝词》的成书，不仅仅用"竹枝词"这一特殊形式记录下了清代云南少数民族的生产劳动和爱情生活等风俗习惯，也为全人类留下了一份极其珍贵的文学遗产。风格独特的云南少数民族文化，不仅是中国人民的精神财富，也是世界人民共同的精神财富，作者以笔代言，他用"竹枝词"反映壮族风情，也用"竹枝词"告诉世人：不要忘记，在历史的长河中，壮族人民同各民族一起，创造了多姿多彩的民族文化，他们世代相承，用自己的勤劳和智慧，创造了云南省灿如云锦的历史景观，在华夏文明辉煌的历史篇章中描下的是溢彩流金的一页！

/民俗田野/

流淌在时光里的族群记忆
——云南省楚雄州禄丰县仁兴镇西村太平会田野调查

云南省楚雄州禄丰县仁兴镇西村坐落在县城西边,为海拔1780米的半山区,是一个以汉族为主,汇聚了苗族、彝族、回族杂居的大村子,全村设村小组16个,共799户人家,共3237人,大专以上45人,中学1512人,小学1440人,未上学的240人。村里设有西村完小,校舍占地面积3823.9平方米,学生254人,入学率100%,有教师14人。中学到仁兴镇上读,距村子3.1公里,全村现有初中生123人,入学率100%。村里有图书室1间,文化、科教宣传队2个,娱乐室1个,距离最近的车站、农贸市场、集市,均为3.1公里。村里有党员93人,其中少数民族党员7人,设党支部1个,党小组8个。

太平会是楚雄州禄丰县仁兴镇西村等地的一个集体活动,以祭祀神灵、祖先,祭扫村子为主要内容,目的是为了祈求神灵和祖先庇佑,为村民们消灾辟邪,祈愿来年风调雨顺、四季平安、六畜兴旺。太平会的举办是由本村对这习俗比较了解或在这方面比较有威望的人带头举办的,在祭祀前由这些人统一邀请"祭祀先生"卜卦,(祭祀先生:钱正富,职业主持当地各村类似活动,家住碧城镇炼甸村,53岁,由师傅传授,现已出道20多年)由卜卦决定具体的举办时间等,每年太平会只祭祀一次,时间都会集中在农历的六月份。2016年的祭祀定在8月1—3日,农历六月二十九至七月初一。

一、祭祀准备

太平会分很多步骤，祭前活动主要是为之后的一系列祭祀做准备。2016年7月31日，即在开祭的前一天，由本次活动的主持人赵伟提前准备好一些祭祀用到的纸符等物品。（赵伟：本村人，主要主持、负责本村的祭祀活动）

农历六月二十九，祭祀活动的第一天上午，村民们清扫祭祀活动的地点，这是位于村边山头的一座小寺庙，因长期无人居住，布满灰尘。一番打扫之后，祭祀先生就开始上香、上贡品，挂祭祀所用的横幅等，为开坛做准备。烧香上贡品，在此祭祀活动中是一种与"上界"沟通的方式。

二、念经开坛

农历六月二十九日中午，完成上述的一系列活动之后，"先生"就开始开坛，开坛是祭祀活动比较重要的一个阶段，开坛时要念诵经文。

在上述活动开始的同时也有人在"挂名字"（祭祀时需把被祝福人的名字写上，并同时随功德钱的行为），挂了名字的人家，祭祀时法师就会到家里洒净、收净、赐福。交些纸元宝，有金银之分，金元宝和银元宝的区别在于纸的颜色分金色和银色，元宝个子亦有大有小）。"挂名字"是自愿行为，一家人一般是挂5元，当人超过5个时，多一个人就加一元，"挂名字"是用来向"上天"汇报的，汇报今年有哪些参加，请求赐予平安，这些名字在开祭第一天由祭祀的"先生"多次向上天汇报，所以绝大多数人都乐意挂自己全家名字，同时还为亲戚朋友挂名字。此次祭祀，"挂名字"时需自发交点钱外，在吃祭祀用的羊肉时也需凑份子钱，祭祀挂名字的时间可以持续到洒净水时。在开坛时念经也有顺序，先念的是《地母经》，其次念的是《太阳经》，最后又用《地母经》，作为结束时的经文。祭祀第一天吃的食物主要是由当地参加此次祭祀的人从自家带来的。

农历六月二十九日下午，祭祀活动内容是"封村路"。村民们在剪好的纸旗与纸联上写上毛笔字，多为祈福之联。分为四组，每组四旗四联，每组字样各不相同。每组中，每幅纸旗正中一个字，四旗四字组成一句短语，如"祈赐平安"。故四张顺序不可打乱。每组纸联也有四张，每联书一七言句。

民俗质有：线、纸旗、纸联、字样、浆糊。

民俗素有：纸旗与纸联的制作；纸旗与纸联的书写；挂纸旗与纸联。

制作完成后，到四条村路挂线，将一组纸旗与纸联内向贴挂，即有字一面朝向村子，旗联相间，如此便完成了"封村路"。"封村路"的目的在于将之后挨家挨户扫出的不净封起来，待完成扫净仪式后，即可解除。

"封村路"的同时，另一些村民会用稻草编制一条长约 1.5 米，宽约 40 厘米，形似龙舟的稻草船（也称法船）。编制完成后村民会对法船进行一番装饰，以备收净结束后使用。

三、洒净

下午六点多，晚饭后，"法师"便收拾好东西准备洒净法事，要带的东西有铃铛、符纸、令旗、火炉、净水、木鱼、黑色公山羊、柏枝树的树枝，诵念经文后，晚上七点左右法师带队出发。一行人跟着法师来到第一家，之前主人已经把院落、屋子打扫干净，打开院门等待"法师"的到来。首先，持令旗者先进入堂屋，堂屋里面是供奉的各家的家神，令旗在屋子里面转一圈，接着"法师"一边摇着法铃（法铃可以镇压邪魔带来吉祥），一边在屋子里念着经文：

飞天大雷公，
霹雳镇西空。
雄兵三千万，
速到此方中，
敢有违我令，

> 雷公击不空。
> 压符魁刚去，
> 化为清净风。

据民俗，经文可以压住"不吉之物"，再由人牵着山羊在屋子里转一圈（因为当地民间传说认为鬼怪喜欢黑山羊，黑山羊进屋子走一圈可以把他们带出屋子），黑山羊在屋子里转一圈之后，一位年纪中等的村民用扁担挑着净水和火炉的进入屋子，火炉里放着一些打碎的煤块及必不可少的犁头尖，并且这个犁头尖必须烧得通红，当地民间传说认为，犁头尖可起镇定的功效，来净化这家人的整个院落。最后是敲木鱼的"法师"进入屋子，木鱼的音调节奏目的有二：一是恢复人本心里明澈朗照的功能，磨洗成一面镜子，使对人生宇宙的真理能了分明；另一个就是控制施法的节奏。每家每户都是照这个顺序进行，整个活动都要有主人在家时进行，如无主人在家或是关着门则意味着不参加此活动，但一般而言，此类活动全村基本上家家户户都参加了，人们都开着门等待着"法师"来家里洒净，希望通过此举，寄寓自己家里四季平安，老幼健康，家运昌顺的良好愿望。

洒净路线是根据早上"法师"卜卦选出来的路线，针对村子里"挂名字"的每家每户进行法事，并且在做法事的时候路线只能走一次，不能重复，也不能后退，法师们一路不停歇地进行，直到晚上十一点多整个村子的洒净才结束。结束后，要把当天做法事的所有东西都带回庙里，集中起来收着待用，此过程称为收净。

四、送法船

次日，农历六月三十日，"法师"（钱正富）在法船前做法念经，本村近两日未吃荤的村民围船而跪，听法师口令向法船进行跪拜、敬酒、敬饭、敬香等一系列动作，与此同时由主持人赵伟牵黑色公羊围法船顺时针绕三圈，村民称此过程为"开光"。开光后的法船就具备了灵性和法性，能带走灾难和邪气，庇佑村子平安，村民吉祥。

村民们在法师的带领下，祭拜法船，以祈求法船带走过去一年给家里带来不如意的邪灵、鬼怪及不开心之物，并祈求来年人丁兴旺、六畜兴旺、开心如意。

接着，法师把收净时从各家收回的净水、法符、花朵以及杀死的黑色公羊蹄等装入开过光的法船。净水、法符、花朵是昨日洒净后各家供奉的，以吸引邪灵、鬼怪去食用，食用时法符会将其封在里面。待净水、法符、花朵、杀死的黑色公羊蹄装入开过光法船后，法师马上围绕法船念经，把鸡血（在民间鸡血、狗血、是驱邪避祸之物）分别点到法船头、手、脚、腹等部位，以封住法船里的邪灵、鬼怪及不开心之物。

接下来，到了最关键的时候：送法船，法师先进行占卜，以确定法船将去的方位，占卜用的是柳树（在民间柳树是清净的、桃树是避邪的、松柏树则代表的是平安），削成的四个令箭，上面共同写着"太上老君经急急如律令"，各令箭又分别写着"东""南""西""北"。

念经后抽出其中一支令箭，上面的方位代表着法船要去的方向，剩下的三个方位分别插到出村所属方位的路上，以保邪灵、鬼怪不会回到村里，保证来年的平安如意。本次占卜的结果确定为东南方，去的是东南方的小河旁，之前选好的六名壮汉分站法船头、腹、尾，法师念经文过后叫"起"的时候，众人抬起法船一路走向占卜确定的方位，在路上法师一直念着安定邪灵、鬼怪的咒语，以安抚船上的各种邪灵、鬼怪。到达指定的位置后，由法师念经（此时念的是超度经），把法船进行焚烧，再将各家收来的碗砸碎，此意味着将灾难送走并烧化，从此后全村清吉祥和，四季风调雨顺，全村老少健康如意，碎碎（岁岁）平安！

晚饭全村聚在寺庙里，尽情享用各家自愿凑份子买来的食物，祭祀用的黑山羊此时亦成为菜肴，村民们边吃边唱，尽欢而散。至此，整个祭祀活动结束。

通过此次调查，调查人员还参与了祭祀用的民间手工折纸、剪纸过程，接触了传统祭祀的民间音乐、歌舞、绘画等，并充分领略了这些艺术形式之美，体会了邻里团结、亲如一家的和谐之美，并体验了民间艺术及祭祀祖先的神圣和美感。

云南壮族的祭"竜"及其生态内涵
——以小广南村为个案

【摘　要】在云南壮族原生宗教理论中，各种神灵表现为山林树木，它们就是神灵的化身，具有神的力量，这个神就是"竜"。小广南村是云南省广南县的一个壮族村寨，古往今来，祭"竜"一直是全体村民最重要的一个仪式，在每年农历三月的第一个属龙日进行，风雨无阻，从不间断。本文从祭祀的准备工作、接"竜"、祭"竜"及其内涵几个层面进行梳理，指出在壮族儿女世代传承的祭祀中，"竜"已不仅仅是一个仪式、一种信仰、一方神灵的替代符号，它已成为壮乡生态安全、营造美丽和谐的幸福家园进程中坚不可摧的自然保障和天人合一的生态文化理念。

【关键词】壮族　祭"竜"　生态内涵

在云南省广南县，每个壮族村子都有一片神秘的树林或一棵大树，称为"竜"。"竜"同"龙"，壮语读"luan"，是森林、树林、山林之意。壮族人民历来把山、树、龙都视为神圣的一体，祭竜神也就是祭树神、祭山神，每年都要为之祭祀，祭祀的日子也不尽相同。在广南壮族心目中，最神圣的"竜"莫过于"大竜""博吉金"（七条金脉汇集的山）了，主峰九龙山位于广南县者兔乡境内，海拔1933.7米，被誉为广南的"万山鼻祖""江河之源"，是广南人民的母亲山，当地壮族称之为"神山"。

每年农历的三月属鼠日,九龙山都要祭大"竜",只限于各寨的男人参加,祭品除鸡、猪、牛、糯米饭外,还有"竜"田里出产的糯谷酿成的甜白酒。

九龙山祭"竜"

一、小广南村概况

小广南村为隶属于云南省文山州广南县莲城镇的一个行政村,其中包括下辖的小广南自然村,地处莲城镇西边,东邻坝汪村委会,南邻北宁社区,西邻那朵村委会,北邻坝美。辖小广南、大革假等27个村民小组,该地四季分明,历史悠久,人杰地灵,距镇政府所在地8公里,到莲城镇道路为柏油路,交通方便,距县8公里。全村现有农户1289户,有乡村人口5397人,其中男性2860人,女性2537人,农业人口5365人,劳动力4055人,从事第一产业人数4055人,是广南县众多壮族村落当中的一个。千百年来,小广南村的村民们世代敬竜、祭竜,村子周边绿树环绕,泉水长流,造就了树茂水丰的生态环境,换来了五谷丰登、人畜兴旺的太平景象。

祭祀"竜"神之俗古已有之,据《中国西南文献丛书》记载:"'祭龙'(即祭'竜'),夷民视为祈福避鬼之要典,十室之邑皆奉行之,每逢春秋两季,择辰日就丛林密枝中认一大树为神,束松枝,其上虔设香醴并牛羊豕各一,夷众各新冠服,向树叩头朝夕即会食林中,大烹酒肉,尽欢而散,所祭的树名祭龙,树折叶不许折伐以触神怨,男女有恙,即向龙树祷祈，决不医药，谓树神我佑而自痊愈矣。"①组织祭"竜"的人称为"布兜"，由"麽公"②主持整个祭祀活动，还要从各寨选出几位德高望重的长者一起负责，吉日当天集中到九龙山上最大的那棵龙树前进行总祭。祭"竜"只限于男性村民参加，未成年的男孩包括刚出生的男性婴儿都要带到山上，意为向"大竜"报到，祈求神灵庇佑，健康成长，无病无灾。如有远离九龙山的壮族村子，则多一道程序，祭竜前须"接竜"，到能遥望大"竜"九龙山的地方去接竜神回到村子竜神庙里，之后再进行祭"竜"仪式。

广南壮族对"竜"有着特殊的敬畏之情，概因认为它们不仅具有树自身的灵性，还附有祖先的灵魂，二者汇集成一股深不可测的神秘力量，庇佑、监督着自己的子民。对于自觉维护山林、保护自然的子民予以保佑，庇护他们出入平安，无灾无难，五谷丰登，人丁兴旺。对于破坏自然生态、任意采伐、毁损山林者，则予以惩罚，视情节轻重，让他们生病蚀财、遭灾遇祸，甚至失去生命。

由于小广南村距九龙山较远，故每年都要派人到能遥望九龙山的那朵村的神庙里接"竜"神，沿途用壮族自制土布为其铺路搭桥。祭"竜"仪式每年由一家村民主办，全村轮流。在小广南村，除却村外竜林，仅村内就有四棵古榕树，均为全村人民心目中神圣不可侵犯的"竜"树，树身上均挂满村民们祈福红布条，树周边遍布村民烧香祭拜时留下的印迹，此为村民们树崇拜的具体体现，亦反映了壮族儿女与大自然和谐相处之良愿，同时也折射出古老的壮族传统祭祀文化，烙下了滇东南壮族

---

① 梁公卿总主编.中国西南文献丛书（第四辑第七卷"古滇土人风俗图志"）[M].兰州：兰州大学出版社，2003年版，第132页。
② 壮族俗信鬼尚巫，壮族的麽教，有明显的原始宗教形态。神职男性称为博麽或麽公，女性称为乜麽，在壮族心目中他们是神鬼的替身，能卜吉凶、问鬼怪，跳神驱鬼治病等。一般而言，麽常常单独活动，大多为民歌高手，他们擅长用鸡卜、鸡卵卜、鸡骨卜等。麽没有全民族统一的组织，教义、收徒、作法也不统一。大体上是一个小范围（区或乡）有一个老麽公当头领（师父），活动限于几十里范围。麽作法的内容包括治病、驱鬼、祭祀、敬神、游神、祭祀祖先、干旱求雨、消灾驱邪、鼓舞士气以及庆祝丰收，等等。

的远古族群记忆。

小广南村"竜"树及祭"竜"

二、祭"竜"准备

2017年的祭"竜",吉日是农历三月的第一个属龙日,由小广南村民陆江宇家主办,平时主人夫妇俩在浙江打工,供养两个女儿上学,大女儿已上大学,小女儿正积极备战高考。因今年轮到主办,故主人夫妇年后就没外出打工,积极筹备祭"竜"仪式。祭祀前几日,接"竜"准备工作即陆续开始,

以下为实地调研中,村民们所做的各种准备工作:

主办村民家准备工作:主人家收集好全村份子钱,提前买好祭祀用的一头大肥猪,鸡鸭、鸡蛋若干,备好五色花糯饭及其他供品,准备好两乘轿子供竜神用(据说接竜神是夫妻俩,不能单请);请好一名麽公主持接竜和祭祀;请好四名歌手负责唱接竜歌谣;安排好乐队,约十多人,有鼓手、锣手、琴师等;安排好接竜挑担人员,拉布给竜神铺路搭桥人员;安排人员打扫村里的竜神庙、细心擦拭神龛;安排厨师小工若干,张罗好全村人吃饭的场地,桌椅碗筷以及上菜、洗涮的人员等。

接龙人员准备工作：两名干净（近三年家中无伤亡病故人畜，无婚变）成年男子，于祭龙前一日悄悄潜入那朵村龙神所在地，不让人发现，到达之后，拾起两块石头或瓦片，代表接出龙神夫妻，用准备好的红布包好，随即返回。返至距本村不远处一个叫"坡拉弄"（属于那朵村）的神树下，把象征着龙神夫妻的两个红布包藏好，以待次日正式接进村子里。

麽公准备工作：于祭祀前日准备好各种法器，细细擦拭，使之锃亮如新。祭龙头晚要沐浴净身，祭祀当日穿上干净整洁壮族服饰，早早到达村里的龙神庙主持上香祭拜、等候龙神到来。

歌手准备工作：四名，二男二女，祭祀前一日，沐浴净身，祭祀当日穿戴崭新壮族服饰，跟随接龙队伍出发至"坡拉弄"迎接龙神，走在乐队之后。

乐队准备工作：限男性，一名鼓手，两名抬鼓人员，钗锣手各两名、二胡手四名、琴师二名，祭祀前一日须沐浴净身，祭祀当日穿戴整洁壮族服饰，走在队伍之首。

挑担人员准备工作：限健康、强壮，近三年家里无伤亡、无婚变的成年人，接龙用的鸡鸭装在笼子里，两名健壮成年人用扁担挑着，接龙时走在队伍前面，走在歌手之后。

轿人员准备工作：八名，健壮女性，近三年家中无丧事，无婚变，人畜无生病现象，生理期与祭祀期不重复，祭祀头日沐浴净身，祭祀当日穿戴整洁壮族服饰，走在队伍前面，负责把香炉放入轿中，到达"坡拉弄"时，由接龙人员把点燃的三根香火从藏龙处移至香炉内，至有飞虫飞入轿中，起轿回村，走在挑担人员之后。

厨师小工准备工作：均为本村人，祭祀前日均把所用刀具，案板等必备工具拾掇好，提前进入做饭场所。

收拾桌椅及洗涮上菜人员准备工作：祭祀前日即把聚会场所打扫干净，摆好桌椅，擦拭干净，每桌碗筷点齐，待祭祀当日分配在每张桌子上，几个上菜人员自行分配好自己所负责的桌子，一出菜就按照由远及近的规矩上菜，动作须利索连贯，洗涮人员负责将菜蔬洗净切好，收拾碗筷。

柴火米面准备工作：每年祭祀，村民们都自觉从自己家里带来柴火、米面、蔬菜等，供祭聚餐时大家一起享用，量一般都很足，一般至仪式结束都用不完。

三、接"竜"过程

农历三月初三，早，吉时，接竜队伍出发，乐队十二人打头，随后是歌者二男二女，紧接着是十几丈长的白布搭成的"桥"，由若干女性两边拉着直通两乘轿子，轿夫是四名女子，轿子里各有一个香炉，然后是挑鸡鸭贡品者若干，组成颇为壮观的接竜队伍，浩浩荡荡出发。到达后，由头日接竜之人先点上香，把香插入轿子里的香炉，然后把头日放置的两个红布包请出，分别放入两顶轿子，静静地等待竜神显灵。非常奇妙的是，通常会有蝴蝶、蜻蜓或蚱蜢飞入轿子，壮族认为，这些飞入轿子的生灵就是"竜"神在显灵，就是"竜"神的化身，于是众人高呼：接到了，接到了，"竜"神接到了！

接"竜"现场

接到"竜"神后启程返村，一路上乐队奏乐，男女歌手唱歌：

男：今天啊！大家今日啊！亲朋好友。
　　今天我们来接"竜"，今天我们来请神。
　　我们请神管护村落，我们接龙保福全村。

女：全体亲朋好友啊！
　　今日全体父老相约，本日全体乡亲共聚。
　　接"竜"来管护村落，邀神来保福全村。
　　护佑全村太平，管理全寨美好。
　　请神庇护，请"竜"管治。
　　今日给神理治村落，今日让"竜"管辖本寨。
　　神理治本寨才得当，"竜"管辖全村能开明。

男：全体乡亲父老啊！
　　请全体乡亲相聚，邀全体父老共汇。
　　我们父老共食，我们乡亲聚餐。
　　共食要请"竜"，聚餐要请神。
　　要请神管村落，须接"竜"治全寨。
　　从前无"竜"，过去无神。
　　无神管村落，无米来揭锅，无豆来充饥。
　　无神管村落，无"竜"治全寨。
　　自相残杀，千尸弃河。
　　遂寻神治理村落，才找"竜"护佑全寨。
　　接神才可护佑全寨，邀"竜"方可保福村落。
　　请赐我们马满槽，请赐我们牛满圈；
　　请赐我们米满仓，请赐我们父老长寿；
　　请赐我们乡亲百岁；活至一百一之上，生到一百二之间，赐父老腰背伸直。

女：全体乡亲父老啊！
　　请神到我们村落，邀"竜"至我村寨。
　　今日神管村落，今日龙治全寨。
　　请神之日晴朗无云，请"竜"之时阳光明媚。
　　才有山珍海味，才有锦衣貂绸。

男：今天啊！大家今天啊！亲朋好友。
　　从前传承至今，往昔接继过来。
　　请神管护村落，请"竜"治理全寨。

说我们神住深山，说我们"竜"休憩峭崖。

说神远在天边，说"竜"近在眼前。

察星望月，二月当佳节，三月逢大吉。

女：今日神过节，今日龙办酒。

神过节必轰轰烈烈，"竜"办酒必热热闹闹。

亲朋好友共欢庆，乡亲父老同聚欢。

赐所有父老，赐全体乡亲；

保佑乡亲安康，保佑父老长寿。

此歌谣一咏三叹，由歌手反复吟颂对唱，直至祭"竜"结束。接到竜神后，接竜队伍踏上返村的道路，一路上乐队奏乐，歌手唱歌，众人无比虔诚随着队伍返程。

四、祭"竜"过程

浩浩荡荡的接竜队伍回到本村竜庙前（小广南村竜神庙位于学校旁的大竜树下），等候已久的麽公走到轿前默念口诀，然后将象征竜神夫妇的象征物恭恭敬敬地双手请出，满怀虔诚地放到神位上，接着将轿子里的香炉请出放到神位前，敬献烟火，倒上酒水，口中念念有词，吟颂祭"竜"口诀，至此，"竜"神归位了，"竜"神来到了小广南村，庇佑全村风调雨顺、五谷丰登、人畜平安、人人幸福吉祥！人们奉上煮好的大红公鸡、猪头、红鸡蛋、五色糯饭及时鲜水果供奉在竜神前，全村人民跪拜叩首，祈愿得到"竜"神的庇护保佑，同时，麽公一边念经为全村老少祈福，一边烧掉带有鸡脖血的纸钱。

祭"竜"过程中，尤为关键的一步是麽公从祭祀用的公鸡身上取出腿骨看卦象，壮语称为"诺鸡"，意为看鸡卦。壮族认为，公鸡是雄鸡，只能用雄鸡的鸡骨来占卜看鸡卦。病的公鸡不能用，只能用健康的公鸡，这样占卜的结果才灵验。公鸡在壮族的心目中是与天神相通的灵物，公鸡一叫天就亮了，公鸡具有抵御灾邪、驱除阴气、迎来阳气之功能。《风俗通义·祀典》中记载："鸡者，东方之牲也。岁更终始，辨秩东作，万物触户而出，故以鸡祭也祀。"①他们相信鸡能预测未来，因此通过鸡骨的卦相来测算。不仅鸡骨可以占卜，鸡蛋也可用来占卜，比如叫魂、烧胎等，常使用鸡蛋来占卜。

麽公在看鸡卦时，通常用仙人掌的刺来穿进鸡骨后观卦相，据说甚为灵验，仙人掌刺在此上升到了宗教才具有的神圣和神秘性。据当地传说，古时，壮族先民曾用鸡骨占卜预测战争结果，曾有连续130多次准确预测的神奇记录。据说汉武帝闻之甚感兴趣，曾下令推广鸡骨占卜，故中原地区亦有关于鸡骨占卜的文献记载，目前壮族地区仍有此习俗，仙人掌刺是鸡骨占卜中重要的物质条件，有时可以用竹签取代。宋代文人周去非对鸡骨占卜的具体操作有记载：

> 南人以鸡卜，其法以小雄鸡鸡未孳尾者，执其两足，焚香祷所占而扑杀之。取腿骨洗净，以麻线束两骨之中。以竹梃插所束之处，捭两腿骨两背于竹梃之端，执梃再祷。佐骨为侬，侬者我也。右骨为人，人者所占事也。乃视两骨之侧所有细窍，以细竹梃长寸余者偏插之，或斜或直，或正或偏，各随其斜直正偏审定吉凶。其法有一十八变，大抵直而正或附骨者多吉，曲而斜或远骨者多凶。②

麽公从卦象上可以看出是吉卦还是凶卦，以此来推测全村的吉凶祸福，如是吉卦，皆大欢喜。若非吉卦，则依照卦辞的提示方法进行化解，直至吉利为止，至此，村民们得到满意的神的旨意，于是大家共聚神前，聚餐对歌，欢唱三天三夜，尽欢而散。尤为值得一提的是，壮族祭"竜"极为严肃庄重，人人都怀着一颗虔诚的心，并严禁外乡人参加，忌讳外地人和戴雨帽通过他们的村寨，旁观者亦不得打闹喧哗③，否则就是对

---

① 景印文渊阁四库全书[M]. 第862册, 台北: 商务印书馆1986年版, 第400页.
② （宋）周去非撰、张智主编. 风土志丛刊. 岭外代答[Z]. 扬州: 广陵书社2003年版, 第289页.
③ 何正廷. 壮族的竜崇拜及其天人合一的生态文化[J]. 文山师范高等专科学校学报, 2005（3）: 204.

"竜"神的不敬，冒犯了"竜"神，就会受到"竜"神的责罚。

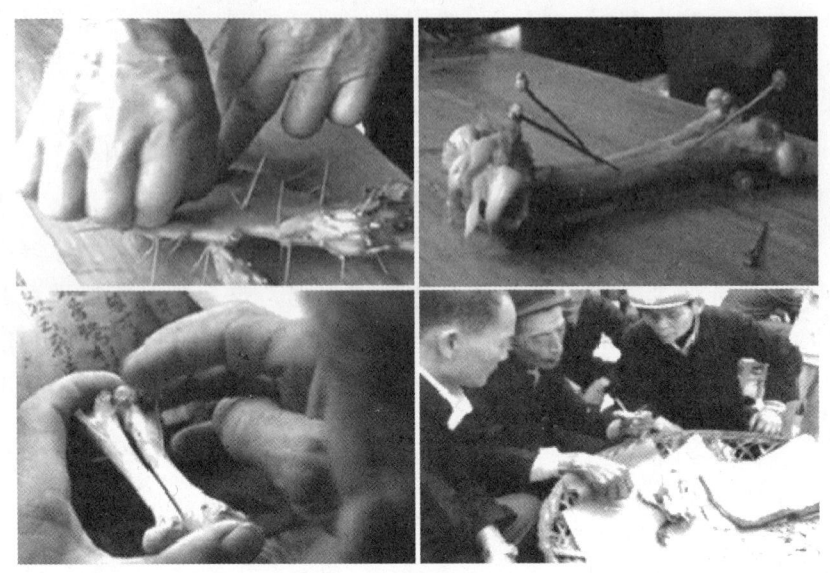

壮族看鸡卦

聚餐现场

五、祭"竜"的生态内涵

从古至今，广南壮族世代传承祭"竜"习俗，形成了以祭"竜"为象征的生态文化，壮族的"竜"就是崇高本身最纯粹的表现，具有宗教的内涵。不仅小广南村，云南省的壮族都会把某棵大树具象化为一个虚无的"竜"神，对其虔诚无比、顶礼膜拜。具体表现在："竜"树是绝对不能砍、不能破坏的，甚至于"竜"树的树叶、树枝都不能捡回家。祭"竜"活动的宗教与巫术形式所映射的实质内容其实是人与自然之间的和谐共生，从古至今亦然。据董一道编绘的《古滇土人风俗图志》记载：每年三月或秋收后，壮族都要举行祭竜活动。"祭山为夷民普通的风俗，于中秋月，择辰寅日祭，多备酒食齐集山巅，认一大石为神，宰牛羊作祭品，夷众向石罗拜，吹牛角螺蛳鸣鼓放炮终日不间，祭毕，即剖碎牛羊，生熟各半，皆用葱蒜调和，相聚饱食，不醉无归，谓可以祈福避鬼消瘟除疫矣。该民族于每年秋收农事完毕，各家携带酒菜，共赴田间祭祀天地土谷神灵，共庆丰收，然后以长者席地而坐，少者跪进酒食，长幼有序，相敬如宾，名曰祭山"。①此处的祭山即祭"竜"，壮族人民历来把山、树、"竜"都视为神圣的一体，祭山神也就是祭树神、祭"竜"神，每年都要为之祭祀，祭祀的日子也不尽相同。《中国西南文献丛书》亦有记载："夷民视为祈福避鬼之要典，十室之邑皆奉行之，每逢春秋两季，择辰日就丛林密枝中认一大树为神，束松枝，其上虔设香醴并牛羊豕各一，夷众各新冠服，向树叩头朝夕即会食林中，大烹酒肉，尽欢而散，名祭龙，不许折伐以触神怨，男女有恙，即向龙树祷祈，决不医药，谓树神我佑而自痊愈矣。"②在壮族人民心中，"竜"是至高无上和神圣不可冒犯的。壮族对"竜"千百年来顶礼膜拜，其目的在于以下几个：

其一，祈求"竜"保佑村民出入平安，心想事成，男女老幼事事顺心，家中和谐、友邻和睦，一年四季吉祥如意。

---

① 徐丽华主编.中国少数民族古籍集成[M].第87册.成都：四川民族出版社，2003：57页.
② 梁公卿总主编.中国西南文献丛书[M].第四辑.兰州：兰州大学出版社，2003：132页.

其二，祈求"竜"保佑孩子们像小牛一样结实健康、快长快大，老人们像树木那样腰背挺直，眼不花耳不聋，手脚麻利，健康长寿，每家每户远离伤亡病痛。

其三，期待"竜"带来风调雨顺的好气候，雨水充沛，阳光充足，不受病灾虫害，没有天灾人祸，庄稼喜获丰收。

其四，盼望"竜"庇佑壮族山寨家家鸡鸭成群，牛羊满圈，牲畜平安。

千百年来，广南壮族仍保留祭"竜"习俗，逢开春，全族履行祭祀，此俗源于壮族先民的自然生态观：有森林才有水，有水才能种水稻，有水稻才能维系人类繁衍，人类要保护森林。壮族先民为了人与自然的和谐发展，以原始宗教的自然崇拜来保护古树林木，保护水资源。①据调查，不仅广南，分布在云南省各地的壮族至今亦传承着祭祀古树和水源的民俗活动，壮族先民们认为，是森林古树为人们带来赖以维持生产生活的水，因此，壮族先民把无形的风、雷、霜、雪、始祖布洛陀等神灵，都封在村落和稻田四周的古树山林上，一代接一代地对神山、神树履行祭祀仪式。

除祭祀外，老人们还利用这难得的众人齐聚的机会，给青年人讲述民族根源、家族历史、磋商本村内之公益活动和制定村规民约，村民们也借此机会，互相交流农耕经验，沟通乡邻情感。祭"竜"仪式已不仅仅包含对某座山林、某棵大树的崇拜与神化，而是每一个壮族儿女自小至大都自觉维护的人类环境，包含一花一草、一石一木。千百年来，这种自觉保护自然环境的习俗已形成村落管理机制，并且还明确指出爱护山林和培养人才有着密切联系，至今广南县旧莫乡汤盆村壮族还保留着一块道光四年的石刻祖训——"护林告白碑"：

> 依照古规，培根固本，将寨中前后左右场树木尽封。若寨中人砍伐一株者，罚银三两入公，猪一口（重五十斤），酒一百碗，米一百碗，盐一斤；见砍不报者，与砍树人同例；若有不遵，众人齐集，送官处治。报者助钱五百文，以五百文以禁树

---

① 王明富，赵时俊."那文化"：稻作民族历史文化的印记[J]. 文山师范高等专科学校学报，2009（2）.

人。至后有人起盖房屋者,当面报众,准伐圻株,若多伐者,请众登山照树取钱。每株价钱若干,已今众寨言明,甚勿谓所言之不早也。谨此勒石。①

尽管几百年过去了,但字迹仍可辨认,至今仍然起到乡规民约的作用,只是把罚款额度改为砍一寸树罚十块钱,以此作为一种惩诫手段来管理山林。

透过祭"竜",可看到广南壮族人民与大自然的和谐相处后得到的巨大收益,有关资料表明:九龙山森林覆盖率达到76%,者兔乡森林覆盖率达到52.2%,广南县森林覆盖率达24%,大大高于全国森林覆盖率14%的平均指数。良好的生态解决了喀斯特地貌缺水问题,全县共有河流16条,地表水、地下水年均总流量38.4亿立方米,人均占有5837立方米,高于全国人均占有量的1.5倍,同时促进了土地的合理利用,形成了一批绿色产品生产基地。全县土地总面积1170多万亩,其中水域面积2.2万亩,耕地面积61.8万亩,草山面积360万亩,林地面积569万亩,坝区盛产水稻、甘蔗;山区、半山区主产玉米、烤烟;草山牧场宽阔、牲畜肥壮;林地树木种类繁多,全县活立木蓄积量达590多万立方米。已成为云南省商品粮基地县、茶叶基地县、畜牧业基地县、杉木生产基地县。②九龙山良好的自然生态,不仅护佑养育了当地人,也为珠江下游丰富的水量提供了相当的保障。由于生态良好,水土流失水源枯竭的情况基本没有发生,保证了珠江水量的长期补充,并因此影响着流域内整个生态系统的可持续发展。

不仅小广南村,云南其他地方壮族亦是将自然神化后顶礼膜拜,树立了崇高神圣的"竜"的自然生态观,千百年来竭力维护大自然的尊严。他们将自然人化后与自己同呼吸共命运,善待自然万物,为维护自然生态和谐发展作出了积极的贡献。每个壮族村子通过世代祭"竜"的行为,

---

① 云南省广南县汤盆村保存的道光四年石刻祖训"护林告白碑",实地摘抄,2011年8月.
② 辉煌.壮族祭龙习俗与珠江源域生态保护[J].今日民族,2005(4):25-28.

走向了自然生态之美,此为生态文明的最高境界,壮族祭"竜"活动含有非常丰富的自然生态美学思想,挖掘梳理出来,可为少数民族地区生态美学研究与建设提供一些有益的启示。同时,亦为后人尊重自然自身的和谐,协调人与自然的关系、人与自身的关系、人与人的关系、人与社会的关系等方面,提供有益的借鉴。尤为关键的是,祭"竜"仪式中蕴含的自然生态美学观也传递了这样两个信息:第一,大自然养育保护了我们,请怀感激之心来敬畏它。如无畏惧之心,必将会受到大自然的惩处。第二,大自然中,万物皆有生命和灵性,请善待自然,善待生命,与自然万物和谐共生。

遗民风采

明季滇遗民僧担当的文学思想

【摘　要】担当是明末清初集诗书画之大成的滇籍本土遗民僧人,在文学观上,首创"风即禅"的文学思想,并提出"诗中有姬酒"的独到见解,形成了独树一帜的文学理论。此外,其"以自然为贵""若要图真便失真""复还旧观""培养元气""曰有若无,将以淡之"等系列创作主张亦备受时人推崇。

【关键词】明末清初　云南　遗民僧　担当　文学思想

　　明末,永历帝入滇,云南成为抗清的最后一个中心,仁人志士多萃于此,明亡后,不少文臣武将又纷纷遁入空门,以保其节操,虽然已步入空门,但又不能从此解脱,他们把自己的故国河山之思,黍离麦秀之感,都寄托于诗文书画之中,担当大师正是其一,他于明亡后隐于鸡足山为僧,故国之思时时流露于吟咏间,不仅"诗书画三绝,而又志节皎然,非一乡一邑人物,乃天下人物也",[①]其在文学理论上也颇有建树,提出了"诗中有姬酒""风即禅""复还旧观""培养元气""若要图真便失真"等一系列独特的文学思想,形成别具风格的释子艺术,为文学艺术的指导思想提供了一个崭新的范本。

---

① (明)担当著,余嘉华、杨开达据方树梅先生纂本点校:《担当诗文全集》序,云南人民出版社、云南美术出版社2003年版,第1页,第13页。

一、诗中有姬酒,词色蔼然

担当认为诗歌离不开一个"情"字,只有含情才有鲜活的生命,他在《橛庵草》"跋"里写道:"僧诗若无姬酒,都是些豆腐渣、馒头气。名为偈颂,非诗也。"此中"姬"应指感情的情,此情已不仅仅局限于狭义的美色或儿女私情,从作者的遗民身份来看,可以理解为对故国故明的无限眷恋和对祖国山河的执着深爱。在其《子夜歌二十首有引》中说:"余为乐府,其子夜歌最多者,非侈于情词也。若以侈情而为一家言,不过拴香奁诗余之残唾已耳。于泱泱大雅何称焉?……余非敢为臆说也。幸有前辈典型可证,得不慎诸。何大复云:'诗本性情而发者也。其切而易见者莫如夫妇之间。是以三百篇首乎睢鸠,六义者首乎风;而汉魏作者意关君臣朋友,词必托诸夫妇,以宣郁而达情焉,其义远矣。'"他认为世间万物皆有情,诗中有情才符合人世情理,也只有具备丰富情感的诗人,才能写出感人至深的诗句。此观点与汤显祖"世总为情,情生诗歌,而行于神"①"人生而有情"②的论述也如出一辙。"姬酒"中的"酒",则与《诗经》"宜言饮酒,与子偕老"的"酒",与苏轼的"诗酒趁年华"③"把酒问青天",李峤的"还将石溜调琴曲,更取峰霞入酒杯",李太白"斗酒诗百篇"中的"酒"毫无二意了,从古至今,中国文人诗歌更是与酒结下不解之缘,有诗的地方就有酒,诗中有酒酒中有诗,诗文化与酒文化齐头并进,交错共生,诗酒是没有分过家的。所谓的"豆腐渣""馒头气",此指诗作里没有清新雅洁之气,弥漫的是酸旧陈腐之味。

正因为担当诗中有"姬酒",才没有"豆腐渣""馒头气",也才"词色蔼然,无诗僧相"④,从其《关山月》就可见一斑:"关山月,才圆又

---

① (明)汤显祖著,徐朔方笺校:《汤显祖集》卷三十一《耳伯麻姑游诗序》,北京古籍出版社,1999版。
② (明)汤显祖著,徐朔方笺校:《汤显祖集》卷三十四《宜黄县戏神清源师庙记》,北京古籍出版社,1999版。
③ (宋)苏轼:《苏东坡全集》《望江南·超然台作》,北京中国书店(影印版),1986年3月。
④ (明)担当著:《担当诗文全集》(天台冯再来《担当禅师塔铭序》)余嘉华、杨开达、据方树梅先生纂本点校,云南人民出版社、云南美术出版社,2003年版,第473页。

得缺。嫁夫未三载,与夫永决绝。只因明月太孤寒,致使花柳无颜色。花柳多情不耐秋,徘徊只见月当头。不知边塞征人苦,可与闺中一样愁。剪刀声碎虫声哽,少女停梭清夜永。解衣怕上合欢床,有恨都成明月影。欲报朝廷甘自弃,女流饶有丈夫气。若得挥戈建大功,妾愿居孀尔尽瘁。"据方树梅先生考证,此词写于清顺治七年(公元 1650 年),时担当五十八岁。方先生对此词评价道:"担当血性奇男子,虽遁入空门,所为诗歌,故国故主之思,时时流露于楮墨间。于三百年前作斯壮语,心勖征夫,可不谓之血性奇男子哉?如蓑老衲,足令千古诗人低首悦服。"[1]这首词是他出家后的创作,托女子思念征夫之辞,表明自己心怀故国一心匡复故明的心志,可谓"语不着色相,情意独至"。总之,担当提出"诗中有姬酒"的文学理论,是一个崭新的理论范本。

二、禅而无禅是诗,诗而无诗为禅

明季,由于政局动荡,士大夫纷纷逃禅,禅宗艺术观也深刻地影响着中国传统的诗歌、绘画等艺术,担当晚年亦深受禅宗影响,对之笃信弥深,颇有造诣,曾在《诗禅篇》中写道:"太白子美皆俗子,知有神仙佛不齿。千古诗中若无禅,雅颂无颜国风死。惟我创知风即禅,今为绝代剖其传。禅而无禅便是诗,诗而无诗禅俨然。从此作诗莫草草,老僧要把诗魔扫。那怕眼枯须皓皓,一行操觚壮而老。不知活句非至宝,吁嗟至宝声韵长。洪钟扣罢犹泱泱,君不见严沧浪。"针对当时不少僧人常常以"谒颂"形式来改造诗,或者以偈为诗,弄得对诗、禅很难作出严格的区分的现象,担当对"诗"和"禅"作了界说,在他的《风响集序》中说得更清楚:"凡僧诗皆以偈颂为能事,设使有句不禅,有等衲僧。读之,不甚欣快。此但知禅而不知诗者,难与言诗。……诗文通禅,不过

---

[1] (明)担当著:《担当诗文全集》(方树梅《担当年谱》)余嘉华、杨开达、据方树梅先生纂本点校,云南人民出版社、云南美术出版社 2003 年版,第 488 页。

镜花水月，在若有若无之间，非是句句不离僧相之谓诗文。"更是把两者的关系分析得透彻入微，如果用担当的"禅而无禅便是诗，诗而无诗禅俨然"来衡量五代时的布袋和尚那首有名的禅诗，就属"禅"之列，它在当时，是"禅"是"诗"很难分辨。其诗曰："手把青秧插满田，低头便见水中天。心地清净主为道，退步原来是向前。"此诗正是描写农民插秧时的情景，宣扬佛理禅机，以禅入诗，仍属禅。

担当在诗歌创作中，是很重视"韵外之致""味外之旨"的、从下面两首诗中可见一斑："过人丘壑总难登，应接从教策短藤。三昧在于无墨处，不须画里觅痴僧。"（《题画六首》之三）"不衫不履达人风，展手羞称院体工。老衲笔尖无墨水，要从白处想鸿濛。"（《题画十一首》之七）其中"三昧在于无墨处""要从白处想鸿濛"，表现了担当在诗、画创作中所追求的是诗歌的言外之意和画外之旨。严羽所谓："夫诗有别材，非关书也；诗有别趣，非关理也。……所谓不涉理路，不落言筌者，上也。"故"风即禅"观点的提出，深受《沧浪诗话》影响，"洪钟扣罢犹泱泱，君不见严沧浪"，可见他对严羽的赞赏和推崇。"三昧在于无墨处""要从白处想鸿濛"二句，既留给读者广阔的想象空间，又表达了作者追求的是平淡自然的审美情趣。

三、培养元气，若要图真便失真

明季，许多文人重才轻养，诗风颓靡，担当身处其间，虽为边疆一诗僧，但为挽回诗风亦想尽己之微力，其诗集《橛庵草》的刊行，亦"专为复古计耳"。在其作品中，直接或间接地表现了他的这一这主张。乐府、古诗在他的诗集中占了较大的比重，在语言的淳朴苍劲上，也下了很大的功夫。同时，他对何景明、李梦阳等在复古旗帜下进行的诗歌革新，给予充分肯定，盛赞"大雅开始，复还旧观"。他认为"以诗代言，重复古也"。[①]以诗代言，即以诗这一特殊形式来表达作者的心声，以诗言志，

---

① （明）担当著：《橛庵草·序》，云南省图书馆藏清初刻本。

以诗代言。重复古，就是恢复中国古代诗歌的优良传统，用质朴的语言和形式表现社稷民生有关的内容，倾吐百姓的呼声，为此，担当强调应注意"培养元气"。培养元气，就是培养生命力，在此处解读为不断加强自己思想情操及学识的修养，担当认为元气对于文学创作是十分重要的，鉴于其遗民的特殊身份，此处的元气就不是单纯文学的承载体了，它还具有展现个人的人格、价值等意义，力图通过表达自我，释放情感来宣扬遗民强烈的主体精神和民族家国情感。

担当在其《题画十一首》中，写道："若要图真便失真，谁知格外有高人。好将刻画都焚尽，潦草堪传顾陆神。"担当一直强调创作要有"情"，有情才有生气和灵气，情的自然流露就是"真"，本诗中的"若要图真便失真"，指创作中"真"不是刻意地追求摹仿，而是心灵的自然外露，只有元气在胸，心怀情，才有可能发现"真"美的所在，才能创作出鲜活灵动的作品。诗中的"顾陆"，指东晋画家顾恺之与南明画家陆探微。在我国古代文化中，诗、书、画三者常并提。苏轼曾说过"诗画本一律"。可见，诗、画理论本是相通的。担当这首题画诗，除了反映出作者作画"主重意"外，还涉及中国古代文学理论的两个重要内容：一是生活的真实与艺术的真实关系；二是艺术创作以自然为贵，追求神似的审美倾向。担当在另一首《题画》诗时写道："世人与山川，汩汩化工死。只欲肖形似，支离画之理。阿谁着此笔，形似焉可拟。胸怀淡且虚，鸿濛兆于此。宛在无极前，古意生片纸。墨经几霜剥，玄气流不止……""若要图真便失真"与这里"只欲肖形似，支离画之理"。说的都是一个道理，的确，不仅绘画如此，其他文艺创作也应如此。艺术源于生活，但是艺术反映生活并非机械的描摹和照搬，而是对社会生活进行分析、选择，并经过作家头脑进行加工改造。"若要图真便失真"，深刻地道出了"生活的真实并不等于艺术的真实"这一文艺创作的真谛。[①]

此外，担当晚年的创作则一改早年苍劲豪放之风，"以书画诗禅自隐，绝口不谈时事"，创作以冷淡绝俗著世，持两个观点：平淡和创新。

[①] （明）担当著，余嘉华、杨开达、据方树梅先生纂本点校：《担当诗文全集》，云南人民出版社、云南美术出版社2003年版，序、第1页、第13页。

平淡：这是担当对创作内容和形式提出的审美要求，既是审美情趣，也是担当创作诗画的经验之谈，他认为文学艺术的创作应为真情流露之后递进到平淡自然，做到"曰有若无，将以淡之"，此处"淡"讲的是创作中笔墨的淡化，包含两个方面的因素：剔除华丽浓艳的辞藻和注重情感的内敛。讲究用辞洁净，色彩素雅。在其《题画六首》之"老僧家住水云乡，秋色黄拖一笔霜，扫却千峰还太素，有谁觌面识担当"中，秋色加霜、千峰还素，这些淡雅的用笔表现了担当晚年审美旨趣的转变，亦表现了清朝统治日益稳固后遗民自认无力回天，从反清复明转为隐居深山的清静安闲。正如黄庭坚在《寄王观复书》之二所说："句法简易而大巧出焉，平淡而山高水深，似乎不可企及。文章成就更无斧凿痕，乃为佳作耳。"①可见他们追求的"平淡"，实指一种超越了雕润绚烂的老成风格，是一种炉火纯青的美学境界。担当的很多诗平常如话，不事雕琢，在平淡之中让读者产生强烈的美感。正如"渴来时，茶一瓯；饿来时，饭一饱。"（《自赞》）随缘任运，听其自然，不加造作。还有《山居八首》之七也是这样的诗："有个高山我独登，从来尘土不沾僧，世人都爱红炉暖，丈室惟悬一片冰。"此处，高山暗指故国故君，尘土指清政府，红炉为权势意，冰的高洁正是作者自我真实照。虽说作者不谈时事，可亡国之痛仍是永远抚不平的，从诗中可以看出作者对故国的无限眷恋，同时也表明了作者甘愿困窘也拒不事清的高洁人品。

创新：在创作中，担当认为艺术的生命在于创新，只有不断地推陈出新，文学才具有鲜活灵动的生命力，否则只会是死水一潭。他反对刻意模仿，东施效颦，倡导创新自出新意。此观点和陆机的"谢朝华于已披，启夕秀于未振"，韩愈的"惟陈言之务去，此乃为文之要"，如出一辙，文学史上黄庭坚也执有"最忌随人后，诚至论也"之说。针对当时文人摹仿成风的陋习，他写了一首《嘲临摹古画者》："艳质曾夸旧美人，胭脂不染隔年春，西施虽有倾城色，憔悴多因一效颦。"虽说嘲讽的直接对象是临摹古画者，却适用于文艺创作的所有学科。他认为艺术反映社

---

① （宋）黄庭坚，陈师道：《豫章黄先生文集·后山诗注》卷一九《寄王观复书》之二，商务印书馆（四部丛刊精装缩印本）1937年版。

会生活，而社会生活是日新月异不断发展进步的，文艺创作的形式不能一成不变，也要相应地发展进步。胡仔的《苕溪渔隐丛话》前集卷四十九引宋子京《笔记》中关于文学的创新也说得很明白："学诗亦然。若循习陈言，规摹旧作，不能变化，自出新意，亦何以名家？鲁直诗云：'随人作计终后人。'又云：'文章最忌随人后。'诚至论也。"具体接触到作品时，如前集卷五十七载福州僧之学李义山诗，则斥为"所谓屋下架屋者，非不经人道语，不足贵也"。如后集卷十六载天随子的《自遗》和《古意》，则誉为"皆思新语奇，不袭前人"。由此看担当"艳质曾夸旧美人，胭脂不染隔年春"的观点，显然和陆机、韩愈、黄庭坚等是一脉相通的，他继承和发扬了前人的理论，形象地道出了文艺发展要紧随社会生活发展变化的自然法则。

从《缅瓦十四片》题词探寻其实录特点及不能流传的原因

【摘　要】明末清初，滇遗民何蔚文创作了《缅瓦十四片》《摄身光》《插一脚》《吹更弹》《笔花梦》五个传奇剧本，是目前已知的云南最早的戏剧创作活动。其中，《缅瓦十四片》记载了永历帝一行疲劳奔缅，同饮咒水，被押回，赐死昆明等史实，他用戏剧这一特殊的文学创作形式真实地再现了遗民文人对亡国亡天下的彻肤彻骨之痛，然而，这样一个客观反映真实历史的剧本最终却下落不明，本文从幸存的题词和相关材料考证该剧本的实录特点及不能流传后世的原因。

【关键词】《缅瓦十四片》　题词　实录特点　流传

历史上，对云南的戏剧活动，文字资料记载得很少，除了有争议的明中叶即公元1454年前后，云南杨林人兰止庵曾写过的《性天风月通玄妙记》①传奇一本外，清初（1657年）云南遗民何蔚文（1625—1699）写过《缅瓦十四片》《摄身光》《插一脚》《吹更弹》《笔花梦》五个传奇剧本②，是目前已知的云南最早的戏剧创作活动。目前幸存下来的何蔚文的作品，只有云南省图书馆馆藏的清康熙三十八年抄本《何蔚文年谱诗话》

---

① （明）兰茂撰：《性天风月通玄妙记》（全），民国间排印本。
② 何蔚文撰，何相才、何相学辑：《何蔚文年谱诗话》序言，云南省图书馆藏清康熙三十八年抄本一册。

一册，该书由何蔚文撰写，其子何相才、何相学所辑。根据题词得知，《缅瓦十四片》真实地实录了永历帝一行疲劳奔缅、同饮咒水、被押回、赐死昆明等真实的事件，具有非常明显的实录特点，表现在以下几个方面：

第一，取材于社会现实，亲身经历，写发生在身边的真人真事，一反当时借史述志的风气。何蔚文生于乙丑（天启五年），康熙三十八年卒，是崇祯、永历、康熙三朝和三藩事变的亲历者。《缅瓦十四片》是写近事的历史剧，他在题词中写道："缅事目击，乃日久亦恍亦忽。错舛且忘，如忆往梦。偶填词得《缅瓦十四片》，真长歌当哭也。若以漏多瓦少，又略补益。然猿听三声，已不禁泪下，那得再。"由此得知，作者是永历帝君臣一行疲劳奔缅的目击者，和所有的遗民一样，他整个的身心都被残酷的现实冲击得每天"亦恍亦惚"，同时，这种切肤彻骨的伤痛激起了他的创作欲望，"得《缅瓦十四片》，真长歌当哭"，这种直击历史的实录手法和胆量，和清初许多文人借修史志的机会借史述志，借史抒怀，隐晦曲折地表达自己故国情怀的做派是有着明显的区别的。

第二，冒生命危险，以戏曲实录永历奔缅、饮咒水、押回、赐死等史实，一反当时借儿女私情写国家兴亡之感的隐晦风格，直奔主题。清代初期，有许多作者在作品中影射和探索明代灭亡的教训，孔尚任的《桃花扇》就是这样的作品，通过男女主人公侯方域（朝宗）和李香君的爱情故事反映明末南明灭亡的历史戏剧。所谓"借离合之情，写兴亡之感，实事实人，有凭有据"。洪升的《长生殿》也同样，重点描写唐朝天宝年间皇帝昏庸、政治腐败给国家带来的巨大灾难，导致王朝几乎覆灭。剧本虽然谴责了唐玄宗的穷奢极侈，但同时又表现了对唐玄宗和杨玉环之间的爱情的同情，借该剧本间接表达了对明朝统治的同情，还寄托了对美好爱情的理想。"今古情场，问谁个真心到底？但果有精诚不散，终成连理。万里何愁南共北，两心那论生和死。笑人间儿女怅缘悭，无情耳。感金石，回天地。昭白日，垂青史。看臣忠子孝，总由情至。"（第一出"传概"）由此，借男女主角的爱情故事来曲折地抒发亡国亡天下之痛。但《缅瓦十四片》就不一样，它真实地记录了顺治十五年（1658年）七月，吴三桂先以大清平西王的身份率清军入滇，永历被逼出奔滇西，直达缅甸，与缅甸君臣同饮咒水以及后来被押回，最后缢死昆明的事实，毫无疑问，这种写法在当时是冒着满门抄斩甚至株连九族的危险的。

第三，作者遗民的特殊身份（一改传统戏曲家的社会地位）。历史上，关汉卿、马致远、郑光祖、白朴、汤显祖等戏曲作家，他们的社会影响力在当时都是很高的，都被冠以各种头衔和美称，盛名远传，受到世人的景仰和崇敬，他们创作的剧本也得到了广泛的传播，其影响一直延续至今。但是何蔚文就不同了，从戏剧创作的成就上来看，他没有获得任何的社会赞誉，创作出来的剧本也没有得到完整的保存，更不用说广泛传播了。相反，由于他是站在遗民的角度来创作的，创作的内容和表现手法都是清政府不能容忍并且大力封杀的，这就极有可能为自己招来杀身之祸，甚至惹来整个家族的灭顶之灾。

第四，受杨慎影响，何蔚文戏曲作品主张以词为本，涉及戏曲本质，代表了云南遗民的一种戏曲观念。明代中叶杨慎（1488—1559）曾被谪迁云南，杨虽然是四川人，但谪居云南四十年，著作多为居滇时所写，对云南文化颇有贡献，他撰有《兰亭会》《太和记》《宴清都洞天玄记》①等杂剧，时当地官绅有家庭戏班，民间戏曲活动更多。他主张戏曲以词为本，认为词作才是戏曲的本质和核心，这和以曲为本的观念不同。他的戏曲曾受到王世贞的称赞："杨状元慎，才情盖世，所著有《洞天玄记》《陶情乐府》《续陶情乐府》②，流脍人口，而颇不为当家所许。盖杨本蜀人，故多川调，不甚谐南北本腔也。"（《艺苑卮言》卷六）其以词为本的戏曲观也与王的戏曲成功与否首先在于是否"动人"这一观点相吻合。王世贞曾指出"不唯其琢句之工，使事之美"，而关键在于"体贴人情，委曲必尽；描写物态，仿佛如生；问答之际，了不见扭造，所以佳耳。至于腔调微有未谐，譬如见钟、王迹，不得其合处，当精思以求诣，不当执末以议本也"。③关于戏曲以词为本，明代何良俊也持此观点："词虽

---

① （明）杨慎撰：《宴清都洞天玄记》，云南省图书馆藏明刻本。
② 何蔚文撰，何相才、何相学辑：《何蔚文年谱诗话》序言，云南省图书馆藏清康熙三十八年抄本一册。
③ （明）王世贞撰：《弇州山人四部稿·艺苑卮言》，收录于（景印）《文渊阁四库全书》卷一百五十二第454页，（清）纪昀等总纂，台湾商务印书馆1985年版。后人摘出单刻行世，题曰《曲藻》。

不能尽工，然皆入律，正以其声之和也。夫既谓之辞，宁声叶而不工，无宁辞工而声不叶。"承袭这些戏曲创作思想，何蔚文创作的几个剧本也是以词为本，谋求"动人"之处的，"况缅事宜传，最怕史编不列。姑效刻羽引商，聊当野史之外又野史，稗乘之中添稗乘。中原巨公，仁人长者，或取之以粉本，或用之为削删，即减即增"，从他给友人张幼桥的以上信中言语可以看出，作者在创作这一戏剧时，是重在把历史的真相设法保留下来让后人知晓的，把戏剧的创作说成是"偶尔填词"，则看出他的剧本是相当强调词的功能的。

目前，幸存下来只有何蔚文的儿子何相学、何相才所辑《何蔚文年谱诗话》里的剧本题词和相关评论，书的后部附录部分并没有像一些学者所说的有剧本内容，经笔者查阅有关资料，并经省图书馆地方文献部的负责同志证实，并没发现过个别学者撰文时随意所说的那样有乾隆刻本，该书后部的附录部分也没有收集前三个剧本。该剧本难以流传的原因有以下两点：

其一，社会原因。无论是明代还是清朝，都对戏剧创作和演出有严格的限制，在洪武二十二年二月二十五日的榜文中就有这样的规定："娼优演剧，除神仙、义夫节妇、孝子贤孙，劝人为善及欢乐太平不禁外，如有亵渎帝王圣贤，法司究拿。"到了洪武三十年又一次重申禁令。永乐九年（1411）还有更为严厉的限制，不惟禁写规定以外的题材，甚至"敢有收藏的，杀全家"，这是窒息戏剧的"紧箍咒"，它钳制了创作者的创作思想，死死捆住了作家手脚，所以像《缅瓦十四片》这样直接描写帝王和国家苦难命运的作品很难问世，即便创作出来了也是很难摆脱厄运的。不仅当时不能搬上舞台，剧本的存在本身就是一种危险。

其二，托付不详的原因。何蔚文在永历都滇开科取士时中了举人，他在永历奔缅后与何星文隐居家乡浪穹宁湖，其剧本描写永历帝被吴三桂追逼，逃亡缅甸瓦城，又被押回昆明缢死的故事，凄恻动人，寄寓着作者的亡明之痛。在他临死那年（1699），曾将该剧的稿本送将友人张幼桥，托他携往江南请人修改或设法刊行，并写了一信："……偶尔填词，得《缅瓦十四片》，也质之正之。宝剑赠侠，当实有用，盖以君侯所交与者，多在知名，万一幸借传布大方，略为推毂，但遇雕龙办马之玹，不惜教而进焉。……况缅事宜传，最怕史编不列。姑效刻羽引商，聊当野史之外又野史，稗乘之中添稗乘。中原巨公，仁人长者，或取之以粉本，或用之为削删，即减即增，皆使下里遐荒之鄙人，死且不朽，总望知己之春风嘘送，感以清风明月共其长久者也……"①

不难看出，作者对这位友人是抱了很大的希望的，他精心创作了一部历史剧，总想传之后世，可惜剧稿下落不明，友人并未将他的遗愿实现，不仅没能让"中原巨公，仁人长者，或取之以粉本，或用之为削删，即减即增"，而且到最后连亲笔手稿也不知所终，笔者妄自推测，有几种可能：第一，友人没带去江南，迫于形势，毁了。第二，带去江南后迫于形势，收藏起来了。第三，被清政府发现，毁了……其中的真实原因无从探知，至为遗憾！

虽然我们今天已无法读到完整的剧本《缅瓦十四片》，但是，从《何蔚文年谱诗话》中收录的部分内容来看，有作者的题词和其他名家的高度评价，从中是不难得知整个剧本的大致内容的和故事情节的。它的实录特点让后人在缅怀和探寻历史时有据可寻，为我们今天研究明末清初的云南地方发展史、文学史、文化史、思想史以及遗民文学创作提供了不可多得的素材和依据！

---

① 杨明主编，顾峰执笔：《滇剧史》，中国戏剧出版社1986年版，第17、18页。

明末清初云南遗民陈佐才的人品与诗品

【摘　要】明末清初，云岭高原上出现了一位杰出的遗民诗人陈佐才，青年时代投在明朝镇守云南世袭黔国公沐天波标下为武弁，官至把总，清一统天下后隐居于家乡蒙化县（今云南大理巍山县）盟石村。归隐后仍蓄发戴巾，保留汉民威仪，凡出门，必戴竹笠骑毛驴，自谓"头不顶清天，足不踏清地"，并自筑石棺以示死后不葬清土。他三十四岁学写诗，诗作颇丰。其人品和诗作在今天鲜为人知，然而在明末清初，不仅在云南境内，就是远在中原腹地，也广为传颂。

【关键词】明末清初　云南蒙化　遗民陈佐才　人品与诗品

陈佐才（1627-1697）[①]，字翼叔，别号睡隐子，又号天耳中人，俗称陈仙人，云南蒙化府（今巍山县）人，他少时习文，后投在黔国公沐天波下受武职。1656年，永历帝入滇，云南成了抗清复明的最后一个基地，据1946年6月江都罗庸的序说："永明王莅滇，翼叔以黔国命奉使蜀中，及归，则王已奔缅，乃负剑归于滇西之蒙化为其郡人。"面对清朝统治已成定局，民族灭亡已不是少数爱国志士的力量所能拯救，陈佐才内心深感痛苦，慨叹："既不能跃马长安，又何如栽菊篱下。"于是，他

[①] 陈佐才生卒年有争议，本文采用张秉祥先生考证的《陈翼叔的生卒年》。

带着浓重的民族情绪，背负宝剑，①回到家乡蒙化县城西南的天耳山中筑室隐居，自号天耳中人，这时他正好三十三岁。到了晚年，他在盟石村东一处风景幽雅的谷地建了一座小屋，取名"是何庵"，又在离是何庵不远的地方发现了一块长13米、宽8米、高3米的巨大天然岩石，就在这块巨石上凿了一个上宽下窄的石窟作为自己人生最后的归宿。石棺四壁有文人墨客镌刻的诗章100余首，今天仍然依稀可辨。他从三十四岁起学写诗，著有《宁瘦居集》二卷、《宁瘦居续集》二卷、《是何庵集》二卷、《天叫集》二卷，保留到现在的有八百多首。他的诗反映了明末清初尖锐复杂的民族矛盾和频繁战乱给人民带来的痛苦，表达了对故明的忠贞，具有鲜明的时代风采和独特的艺术魅力。

一、"不顶清天，不踏清地"

陈佐才在诗集自序中说自己三岁失父，由母亲养育成人。他所处的时期，正是明朝末年，政治腐败，民不聊生，社会动荡不安，他弃农习武，青年时代投在明朝镇守云南世袭黔国公沐天波标下为武弁，官至把总，1647年滇南土司沙定洲兴兵作乱，与沐天波争夺政权，佐才随沐天波征讨沙定洲，转战滇西，驻守榆城（今大理），以防沙定洲的骚扰侵犯。由于佐才防务严密，指挥得当，在邻近的蒙化县城被沙定洲进犯的情况下，大理城仍固若金汤，安然屹立，捍卫了城土的安全。这一段"横戈压马镇边西"的军旅生活，使他颇为自豪，终生难忘。②归隐后，他把自己的小屋取名为"宁廋居"，源于苏东坡"宁可食无肉，不可居无竹。无肉人要瘦，无竹人便俗"一诗。在这里，他发愤学诗，与许多文人志士交往切磋，其中，云南著名诗人、画家担当就是他的良师益友。由于他

---

① 王丽珠：《撑风老干坚如铁　几度凌霜不改节——明末爱国诗人陈佐才和他的诗》，云南师范大学学报（哲学社会科学版），1981年第3期，第82页。
② 陈力：《明末遗民诗人陈佐才和他的诗歌创作》，云南民族大学学报（哲学社会科学版），1985年第2期，第81页。

虚心好学，很快就获得了创作上的丰收。

公元1661年，清军已经进驻统治云南三年了，清政府早就颁布了剃发令，规定汉人必须按照满人的风俗习惯改装剃发，社会上已经是唯清礼不行。但归隐后的陈佐才傲然不驯，仍留着长发，高冠峨峨，一身明朝装束，每逢出行，发骑一匹毛驴，戴一顶斗笠，表示自己"头不顶清天，足不践清土"，他这样威武不屈、傲然不驯的举动被窥探者报告镇府王永祚，惹恼了清朝当局，被王永祚抓了去，公堂上列满各种刑具，气氛森严，连左右的吏役都有些害怕，独陈翼叔神态自若，面无怯色，"曰：'吾受遗体于父母，弗敢伤，若殆欲执清法而死明人耶？'声色俱厉，挺身请刑，顽懦为之辟易，永祚亦踧踖言曰：'子诚义士，吾奈何以衣冠独异戕义士'为释其缚，君遂曳筇行，一时义士之名啧啧乡里。"①诗人晚年在山中发现一块巨石，欣喜异常，在上面凿一上宽下窄的石窟，完工之后"大叫快哉，归数日后，谆嘱其侄孙辈，必葬石中，又恐其或违也，乃召友人李文启至，与之雄谈半日，索笔砚书临终偈，犹如耳昔，书毕，起视日午，遂更衣端坐，合家悲泣，了无一语，移时，复大叫李白为我多致意雪峰诸社友，六十年如日，遂长逝"。②一代忠义之士一代诗才就这样用自己的生命和诗作谱写了一曲必怀故国、宁死不屈服于清政府的遗民新歌！

二、"生为明臣，死为明鬼"

面对清初残酷的文字狱，陈佐才不屑一顾，他三十四学写诗，不二三年成《宁瘦居草》二卷，嵩谷魏人京为他作的序，康熙丁未年刊印成册，壬子年又刊印了续集，传播省内外，诗中多寄故国之思黍离之痛，明明白白地表达了怀恋故明的思想感情，毫无所讳，担当和尚曾赞扬说："此诗非人所能，必由天授者也！"当时文纲酷密，许多人都为他的安危

---

① 《重刊明遗老陈翼叔先生全集》，孙仁溶《义士传》，第1页。
② 《重刊明遗老陈翼叔先生全集》，第2页。

担忧，他却泰然自若地说："吾于辛丑岁已打破生死关矣！""辛丑岁打破生死关"指的是1661年被镇府王永祚抓去后公堂不惧挺身请刑一事，可见他早已把个人的生死置之度外了。

1674年，"郡守编审户籍，乡老或有劝其册报者，翼叔答之曰：'盖隐有夷齐之志焉！'"（见《重刊明遗老陈翼叔先生全集》罗庸序），当时，清朝政府为了加强对云南的统治，在各州县重新编审户籍，当蒙化县城进行编审的时候，百姓纷纷前去登记，陈佐才却不以为然。好心的街坊邻居都劝他赶快申报入册，否则就没有户口了，对于老百姓来说，这可是件天大的事，他却一笑置之：

> 空庭冷风吹，内住者是谁？①
> 竹树与梅树，共我为三户。
> 桃花与李花，共我为三家，
> ——开明白，凭汝入于册。

坚定地表达了自己不入清户籍，生为明臣，死为明鬼的决心。对于陈翼叔不同凡响的胆识和反抗精神，当时名士无不交口称赞，爱国诗僧担当在为他的诗写的序中说："由是壮心皆为逸响，人皆赏之，惟有不屈不下之傲骨一具。"②

至今，其石棺两侧仍可辨认凭吊者的诗文，旁边的亭子也悬挂着缅怀楹联，其中一联是这样写的：

> 指地誓昔泉溪流犹带南江恨，
> 凿棺盟白石墓木曾无北向枝。

另有一联则写道：

> 其生明臣其死明鬼，
> 不葬清土不戴清天。

---

① 本文所引诗歌除注明外皆选自：陈佐才著《陈翼叔诗集》，云南丛书集部之十二。
②《重刊明遗老陈翼叔先生全集》，第4页。

这代表了当时的文人对诗人崇高的民族气节和高尚人品的高度赞扬，三百多年来，人们一直敬仰着他的节操和人品，颂扬着他对故国至死不渝的执着情感。

三、披露民苦，以诗代刀

陈翼叔生活在明王朝由衰致亡时期，饱受了战乱造成的深重灾难，加之从小就生长在农村，从军前就在家乡从事农耕，与劳动人民同呼吸共患难，他的心里装着劳动人民。在目睹战乱和天灾以及繁重的苛捐杂税给人民带来的痛苦后，他毅然以诗代刀，把自己心中的愤怒和忧国忧民的思想溶入诗句，大胆地鞭挞了当权的统治者，对处于水深火热中的百姓寄予了深深的同情。在他的诗中，有相当一部分是反映百姓疾苦的：

农 歌

风雨交加已渡河，隔堤忽听唱牛歌。
熟田岁岁收成少，荒地年年赔累多。
野草不能逃赋税，闲花何处避干戈。
牧童亦解流离苦，横笛吹残卧绿蓑。

诗中反映了战乱年代田地收成减少，各种赋税多如牛毛，人民不得不流离失所的凄惨景象。

题流民

何处抛家与失业，三三两两过沙滩。
相逢尽道住山好，米少柴多也是难。

从这首诗中可看出：除了战乱，当时的老百姓还遭受了水灾的威胁，只得扶老携幼逃往深山，故人相逢时都说还是住在山里好，不用担心发大水，但是，山上虽然柴禾多没有粮食日子还是难熬。陈佐才用自己手中的笔写下了眼中所见，真实地再现了当时老百姓离乡背井逃往深山的苦难场景。

代梅竹纳税

　　城去十村到吾家，荒园十丈短墙遮。
　　风吹竹杆斜铺影，雪压梅梢倒放花。
　　赋税只寻有枝叶，征福不问无桑麻。
　　老夫何故欲哄眼，惹得终年苦累嗟。

　　该诗不但把统治阶级剥削本性揭露得入木三分，还形象地写出了繁重的苛捐杂税把劳动人民压得喘不过气来的残酷现实。

乱　时

　　遍地皆戎马，满天尽甲兵。
　　活埋小儿女，生葬老弟兄。
　　遁迹穷山里，犹闻战鼓声。

　　在《乱时》中，诗人把清军烧杀抢掠，视人命为草芥，连老人小孩都要惨遭活埋的罪行作了真实的披露。即便在三百多年后的今天，我们仍然可以从诗中感受得到在那个兵荒马乱、山河破碎的年代，老百姓过的那种暗无天日的非人生活。

春去也

　　处处村中皆寂寞，家家园里尽肖索。
　　不倒不歪竹醉醒，无叶无花梅睡着。

　　《春去也》一诗写出了一幅农村屡遭战乱和沉重的苛捐杂税而凋敝、荒凉的景象。

天　旱

　　朱将日染红，云被风吹死。
　　今岁大旱天，农夫泪作雨。

　　《天旱》一诗为我们真实地再现了在明末清初那个兵荒马乱的岁月里，战乱和天灾使老百姓陷入了水深火热的苦海里的场景。写出了严重的旱灾带来的残酷现实，诗人对劳动人民寄予了深深的同情。

农夫哭

践伤禾麦半成熟，
征徭输足无余粟。
长天老日荞充饭，
夜静更深煮菜粥，
农夫农妇相对哭，
可怜人倒不如畜，
马食白米犬食肉。

《农夫哭》深刻地揭露了当时社会的黑暗和老百姓生活的痛苦，老百姓生活在最底层，辛苦劳作的庄稼在战乱中被践踏过半，余下可怜巴巴的一点还得应付名目繁多的徭役赋税，只能吃荞当饭喝点野菜粥，漫漫的长夜里有多少夫妻绝望痛哭，他们的日子过得还抵不上富人家的畜牲，马儿吃的是白花花的米饭狗吃的是肉！和杜甫的"朱门酒肉臭，路有冻死骨"有异曲同工之妙。

四、广交诗友，结雪峰社

在那个政治黑暗、山河破碎的年代，诗人广泛结交了许多有识之士，他们常聚在一起吟诗作赋抒发爱国热情，1674年，他约集一些流落滇西的明末遗民如徐宏泰、杨廷斌、於迁、王国信等二十多名"同抱亡国之痛而羞事异姓者也"聚集在蒙化西山之萧寺，组织"雪峰诗社"，成为明末清初云南文坛的一大盛事。结社之日，陈佐才有诗作证：

春日与诸亲友于萧寺中结社，指雪峰为题，各赋一诗。
霜飞雪集雁声孤，暖风二月草犹枯。
抚景怀人几叹息，平原君没信陵无。
二三兄弟好男儿，学书学剑货与谁？
或与竹林两争异，或与兰亭两斗奇。
杯酒相从天地老，篇诗断送古今痴，

浪言后日有支离,手指高峰是何时。

陈佐才还作《雪峰社》一诗,明确了结社的宗旨:

雪峰社
(次于子旭武文若聊韵)

野火烧峰峰不烈,
峰高自有不化雪。
千百男儿撑冷眼,
二十兄弟多热血。
生死交情坚愈铁,
学武学文迥出群,
笔插青天剑截云,
愧杀倡狂嗜酒辈,
烂醉能教今古闻。

该诗把他们组织雪峰诗社的目的意义展露无遗。陈佐才和这些志同道合的有识之士相互唱和吟咏,以抒故国之思,亡国之痛。这时,是佐才写作最勤,一生中作品产量最丰富的时期。

立春日与众社友饮
(次胡心耕韵)

搔首望春春即至,可怜犹有未逢春。
年华来往归何处,冷暖交加付此身。
人谓苦难便觉苦,我常贫惯不知贫。
典衣买酒酬良遇,莫逊千巡与百巡。

尽管身病家贫,但他典衣买酒仍热情招待至交好友,其人格可见一斑。诗人享年七十,临终前念念不忘雪峰社众社友:"为我多致意雪峰诸社友,六十年如一日!"①

雪峰社诗人彭栖霞曾写诗赞其道:"吹茄遍地起秋声,高卧楼头枕月

---

① 《重刊明遗老陈翼叔先生全集》,第2页。

明。烈焰难销心铁石,寒风莫剪发峥嵘。五年独抱孤臣节,四海争传壮士名。热血满腔无处洒,吐成诗句使人惊。"这对陈佐才的一生做出了公正的评价,①可以说代表了当时人们的公论。彭栖霞这首诗,除赞扬了陈佐才的精神面貌和民族气节外,还勾画出他生平事迹的主要线条,指出他从事诗歌创作的缘由。

五、心系故国,以诗明志

和许许多多的明末遗民志士一样,诗人自始至终都是一名忠义之士,至死都不愿与清朝统治者合作,对故国一往情深,无论是面对亭台花木还是季节变迁,眼前的景物总能勾起他对故明无边的怀恋,这在他的诗里表现得淋漓尽致:

与友人饮酒时,借咏荷花表明了自己的决心:

饮张允怀莲亭
瓮有酒多少,菱荷开满溪。
耐风花长立,傲雨叶难低。
品卓清愈苦,心通悟岂迷?
逢人开口笑,何处不污泥!

哪怕是赏花,他也念念不忘故明,满腔的爱国热忱,在笔下展现得淋漓尽致、哀婉动人:

武侯庙赏菊
黄花凋复放,仍是汉时秋。
无奈天已改,而今不姓刘。

到了暮年,诗人晚节不改,他在诗中叹息自己空怀一腔热血,苦于

---

① 陈力:《明末遗民诗人陈佐才和他的诗歌创作》,云南民族大学学报(哲学社会科学版),1985年第2期,第81页。

报国无成，嗟叹岁月催人老：

立冬前一日感怀
　　凄风苦雨日不休，明朝又过一年秋。
　　黄花然是旧颜色，多少英雄已白头。

他还鄙视那些卖身投靠、卑躬屈膝的贰臣，在诗里表现了高尚的民族气节与刚直不阿的性格：

枯　竹
　　撑风老干坚如铁，几度凌霜不改节。
　　那似薄情桃李花，须臾便与春相别。

他一刻也没有忘记国家兴亡，匹夫有责，经历了永历帝殉国，黔国公被杀，感受了清初的暴政，他的爱国热忱，至死不变：

冬　寒
　　老夫寒过雪中梅，空乏红炉把酒煨。
　　不是清操能炼骨，壮心几被北风吹。

即使是送别友人的诗歌，也闪现出高尚的民族气节和爱国情怀的光辉：

　　一别天涯几十年，几多发鬓已盈头。
　　音容变也不须问，只问肝胆可似前。

他几十年如一日，把自己一腔至死不渝的爱国情怀跃然纸上，化为悲壮的诗篇：

　　须发依然一老臣，羽书读罢泪沾巾。
　　乾坤此日成何物，东倒西扶似病人。

他崇高的民族气节越到晚年越发闪现出动人的光辉，临终在自己的石棺上做了一首自挽诗，表明了自己坚贞不渝的爱国情怀：

　　　　明末孤臣，
　　　　死不改节，

> 埋在石中，
> 日炼精魄，
> 雨泣风号，
> 常为吊客！

不难看出，陈的诗作和人品一样，随着时间的推移，越发折射出夺目的光彩，许多仁人志士对他做出了高度的评价，袁枚在其《随园诗话》卷九中说："有如此才而隐于百夫长，可叹也。"四川游僧朱中困评价他的诗："竟不得传于中原，孰知滇中犹有忠义之士，风雅之人也！"70岁时，诗人含笑入棺，长眠于石棺之内。象征着死不改节的石棺墓后来成为人们瞻仰的圣地。陈翼叔石棺冢于1987年被相关单位公布为巍山彝族回族自治县文物保护单位。

诗人百年后，其生前友好、远近故交雪峰社众社友都留下深情缅怀的字句来寄托对这位爱国志士的哀思，本文略选一二如下：

> 戮力边疆势已乖，横空石榔早安排。
> 文章不用黄沙盖，忠义何须碧草埋。
> 尘海百年风浩浩，泉台千古水潺潺。
> 九原无限英雄骨，高卧云根孰与侪。
> ——刘毅庵

> 不欲染污浊，凄清若兰同。
> 须知李太白，埋在流水中。
> ——彭印古

> 孤臣石内埋，骸骨坚于铁。
> 风雨欲何号，皇天为吊客。
> ——袁美

> 石偕人不死，人借石生香。
> 冷眼对青山，万古见斜阳。
> ——朱昂

愧杀曹阿瞒，到处设疑冢。
何如石棺翁，长卧无惊恐。
——张锦蕴

诗人离开人世已三百多年了，由于云南地理和交通等方面的先天不足，更由于其诗中多寓亡国痛楚愤世之鸣，在文字狱极其严酷的清朝，不能广泛流传。但是他的铮铮铁骨在那个时代给云南人民留下了划时代的千古绝唱，他的不朽诗篇为云南文学的发展做出了积极的贡献，也为我们现在研究和继承祖国的传统文化遗产提供了不可多得的宝贵资源！

参考文献

[1] （明）蒙化陈佐才撰．重刊明遗老陈翼叔先生全集．民国三十四年（1945）陈虞佐重订排印清康熙刻本．

[2] （明）蒙化陈佐才撰．民国三年（1914）云南丛刊刻本．陈翼叔诗集，五卷附石棺集一卷．

[3] （明）蒙化陈佐才撰，楚雄刘联声撰，腾冲李根源辑．天叫集脉望集残诗合刻．民国四年（1915）排印国粹学报文篇本一册．

[4] 昆明李坤辑，方树梅校补．滇诗拾遗补．云南丛书刻本．

[5] 蒙化高克敬辑．钞本一册，袁嘉谷跋，蒙化县北区耆旧诗文选钞，一卷．

[6] （明）沐昂辑，沧海遗珠．民国三年（1914）云南丛书刻本，一册．

[7] （清）保山袁文典，袁文揆辑．明滇南诗略．清光绪二十六年（1900）五华书院重刻本．

[8] 大理县劝学所辑．云南大理县地誌资料．民国十二年（1923）钤大理县劝学所图记抄本．

[9] 梁友檍编辑．蒙化县志稿．云南崇文书馆，1920．

[10] 丁保琛等辑．蒙化县地誌资料．民国十二年（1923）钤蒙化县印钞本．

[11] 马子华编著．云南历史人物逸事．昆明市文物管理委员会出版，1982．

[12] 腾越李根源辑．明滇南五名臣遗集合刊．云南丛书补録重印清宣统三年刻本．

[13] 季羡林,徐丽华.中国少数民族古籍集成[M]//李根源,吕志伊辑.滇碎(清).成都:四川民族出版社,2002.

[14] 季羡林,徐丽华.中国少数民族古籍集成[M]//滇中琐记(民国杨瓊著),2002.

[15] 何宗美.明末清初文人结社研究[M].天津:南开大学出版社,2003.

[16] 何宗美.明末清初文人结社研究续编[M].北京:中华书局,2006.

[17] 张秉祥.陈翼叔的生卒年[J].云南师范大学学报(哲学社会科学版),1983(4).

[18] 陈力.明末遗民诗人陈佐才和他的诗歌创作[J].云南民族大学学报(哲学社会科学版),1985(2).

[19] 王丽珠.撑风老干坚如铁 几度凌霜不改节——明末爱国诗人陈佐才和他的诗[J].云南师范大学学报(哲学社会科学版),1981(3).

[20] 张秉祥,苏嘉林.陈翼叔及其诗歌简论[J].大理学院院报,1984(3).

[21] 陈正强.壮心皆化为逸响——陈佐才诗初探[J].云南师范大学学报(哲学社会科学版),1985(5).

文学小议

《周易·旅卦》军事信息探究

【摘　要】《周易》是我国周代的卜筮之书,记录卜筮的范围相当广泛。战争是卜筮中一个重要的内容,《周易》里除了四个战争专卦以外,还有相当一部分卦的爻词涉及战争的内容,其中《旅卦》表面上看是讲述行旅之道的,但细细琢磨,其中蕴含的军事资料相当丰富,每一爻都描述有战争的有关情况,为我们传递着远古时期的军事信息,给后人留下了珍贵的军事史料。

【关键词】周易　旅卦　军事信息

　　《周易》是周代占筮之书,其卜筮的范围相当广泛。其中战争是卜筮的重要对象,给我们留下了极其珍贵的古代军事资料。据笔者统计,《周易》六十四卦中有二十卦直接涉及军事,其中写战争的专卦有《师》《同人》《离》《晋》四个,这四个战争专卦目前研究的专著比较多。《蒙》《需》《谦》《泰》《豫》《复》《益》《夬》《萃》《渐》《归妹》《旅》《巽》《中孚》《既济》《未济》十六卦涉及战争,都或多或少地承载着远古时代的军事信息,为后人研究军事、兵法等提供了宝贵的资料。其中,第五十六卦《旅》卦里蕴含相当丰富的军事信息,所以我们在解读《旅》卦时,应把蕴含其中的军事信息成功识别出来,为《周易》这部奥妙无穷的中华宝书里所包含的无穷智慧喝采,并且取其精华加以继承和弘扬。

　　首先,我们从文字上来看《旅》卦与军事的渊源:在甲骨文和金文中"旅"字是会意字,像众人会集在旗帜之下,其本义指军队,后来又引申为旅行、出行等义。古代,"师""旅"皆为军队的代名词。《旅》卦中的六个爻辞几乎无不涉及军旅。现在我们来具体看看《旅》卦各爻辞所隐含军事信息:

《旅》(卦五十六):

艮下离上。此卦由山下火上组成。

其卦辞为:**小亨,旅贞吉。**

《彖》曰:"旅,小亨。"柔得中乎外而顺乎刚,止而丽乎明,是以"小亨,旅贞吉"也。旅之时义大矣哉!

周振甫先生在他的《周易译注》中,对《旅》卦卦辞和《彖辞》进行了具体的阐释:

卦辞:小通顺。占问旅行吉。周先生注:旅:小亨,旅行要投靠接待他的房主人,所以仅得小通顺。

《彖辞》:"小亨",《旅》的卦象中六五为阴爻,为柔,居外卦之中,是柔得中于外;上九为阳爻,为刚,六五居上九之下,是柔顺于刚;艮下离上,止下明上,止而附着光明,即旅行依附于光明的主人,得小通顺。因此,"小亨,旅贞吉"。按照周先生的解释,无非是说出外旅行,要小心谦顺,要顺从阳刚,要依附光明,投靠房主,自然可遇吉祥。但是我们看看此卦的《象辞》是怎么解释这一卦象与卦义,如下:

《象》曰:山上有火,旅;君子以明慎用刑,而不留狱。

"山上有火",乃指此《旅》卦的艮下离上这一卦象。但《象》辞却将此卦象的卦义解释为要慎用刑律而不留狱。那么,"旅行"与"刑律"有何关系?"旅行"又与"牢狱"有何关系?这样看来,《旅》卦为何卦,《彖辞》中的"旅之时义大矣哉"又当何意,恐怕就不是周先生所解释的那样了,它实际上暗含了许多的军事信息。卦辞的"旅:小亨,旅贞吉",是说作为谈论将帅用兵之道的《旅》卦,它固不能与《师》卦、《丰》卦相比,但亦有小的亨通,如果师旅用的好,它也是很吉祥的。

"初六"爻中,周老先生是这样为我们译义的:旅客三心两意,离开他的寓所,因而得祸。意思是由于旅客不得意离开寓所从而招来灾祸。其实我们可以从另一个层面来理解:本爻辞"琐琐",古本指卑微细小貌,此处当指畏葸不前貌。"旅琐琐"一辞,它有如《晋》卦"九四"爻辞"晋如鼯鼠"。正如俗话所说：兵熊熊一个，将熊熊一窝。一个将帅统兵如果没有气吞山河的豪迈气概，而是前怕狼后怕虎，猥猥琐琐，就会自取灭亡，这实在是统兵之大忌啊。

六二爻中周先生是这样解释的：旅客到了住处，携带钱币，买得一男奴隶，占问吉。我不禁产生疑问：一个有钱的旅客，买了一个奴隶，在古代这是一件正常不过的小事了，为什么要大肆宣扬其结果的吉祥呢？而且古代的"一"常不是指"一个"而是指代"一批"，此处译成"一个"是否妥当？我们不妨从军事战争的角度来这样思考：本爻中的"旅即次"，"即"，就也；"次"，停留。"怀其资"，参阅九四爻的"资斧"和下一卦《巽》卦上九爻的"资斧"一语，这里的"资"其实是"资斧"的语误，所以这一句应当为"怀其资斧"。"得童仆"实指获得战俘，古代俘获的俘虏皆充作奴仆。本爻指的是将帅统兵打仗，到一处停留下来安营扎寨。将士们持仗着兵器，初战告捷，获得了一批战俘，这样用师很贞正，故本爻曰吉。

九三爻中周先生的译义是：旅客住的住处被火烧了，失掉了他的男奴隶。占问有危险。他在《象》传中的解释说：旅客与手下的男奴隶住在一起，他失去奴隶是应该的。这里我们不禁要问：为什么说他失去男奴隶是应该的呢？那可是用钱买来的呀！如果换个角度思考，我们就容易理解了："旅焚其次，丧其童仆，贞厉。"这是说由于初战告捷，将帅被胜利冲昏头脑，产生骄傲自大的思想，带上了严重的轻敌情绪，结果被敌方夜烧营寨，所获的那批战俘被对方抢走了，自己的兵力也损失惨重，所以本爻结果为贞厉。这让人不由得想起"祸兮福所倚，福兮祸所伏"的老话。

关于九四爻，周先生的解释是：旅客在住处，找到了他的钱币，心里不快活。这里有点难理解：火灾之后能找到自己的钱，这是多么令人兴奋的事啊，怎么心里还不快活呢？如果从军事上来解释倒是能有比较合理的答案：本爻中的"资斧"，古义指利斧，别无任何含义。本爻实际上是说在将领的指挥下，双方又进行了一次战役较量，结果对方丢盔弃甲，又俘获了一批兵器和战俘，但是并没有取得最终的彻底胜利，虽胜亦不算大胜。所以，心中仍不高兴是实在不过的事情。

来看六五爻里周先生的解释：旅客射野鸡，一箭射中，野鸡带箭飞走，终究得到善射的美名。我们会想：野鸡都飞走了，怎么还算是善射呢？那又怎么分析本爻《象传》里的"终以誉命，上逮也。"这句话呢？如果从军事角度分析就容易理解了，"射雉，一矢亡"：一箭射杀了一只野鸡。但此处实为一种政治术语，谓一战告捷，"终以誉命"：完成君王交给的使命。本爻是指在将领的指挥下，在一次关键的战斗中，获得了决定性的胜利，就像用一只箭一下射死了一只野鸡。这一战大获全胜，完成了君王交给的使命。

上九爻里表面上看是如周先生所说：旅客住处被烧，就像鸟被烧了它的巢，旅客先笑后号哭。在狄人那里失去了牛，凶。住处被火烧了，这是很不幸的事，旅客为什么首先是笑而后才是哭呢？有点费解。我认为它说的是部队的营房被偷袭焚烧。战争中营房、辎重、给养是军队的命脉，一旦被偷袭或焚烧，失去了这些物资，整个军队就会处于瘫痪状态，那就如一个鸟的鸟巢被人烧掉，他将无家可归，部队长最怕的就是这种情况。不幸的是这种情况出现了，使得上爻中因为打胜仗还在狂妄大笑的将领陷入绝境只能号啕大哭了。后半句的意思是说，战争所依赖的运输工具乃是战车和马牛，如果在战场上丧失了借以运输粮草的牛车，后勤辎重运输跟不上，到了弹尽粮绝的绝境，也是很凶险的。无论是上半句的将帅用兵不慎，以至造成营巢被劫的"鸟焚其巢"，还是下半句粮草断绝的"丧牛于易"，都是将帅统兵打仗的致命伤。

值得一提的是，关于上九爻中的"丧牛于易"，表面上看是指周大王时，狄人来侵，夺取了周人的牛羊。"易"通"狄"，指北方少数民族名。据《周易通义》记载："这是周人历史上的一件大事。说大王被狄人侵迫，从邠迁于岐山周原。狄人侵犯时，烧杀抢掠，周人像鸟被烧了巢一样，无家可归，全旅迁徙，成了旅人，他们原先的生活过得很快乐，后来很悲惨，家园被毁坏，连牛羊等牲畜也给狄人抢去了，故呼号哭泣。这真是一场大灾难。"（《周易译注》第202页，周振甫译注，中华书局，1991）但是，从古代军事战争的视角上看，古代的马和牛皆用于战争，是战争中不可或缺的装备。丧牛于易中的"牛"，在这里指的是供战争使用的牛，如《尚书·周书·武成》中的"归马于华山之阳，放牛于桃林之野"便是此义。"易"，此处的"易"乃是指"散漫"之义，如《左传·二十六年》"苗贲皇曰：'楚师之良，在其中军，王族而已。若塞井夷灶，成陈以当之，栾范易行以诱之'"此中的"易"，便是"散漫"意义。由此看来，可以肯定"丧牛于易"，指的就是在战场上因军纪散漫而丧失了赖以运输辎重的牛。

其实，周易中的吉与凶是相对而不是绝对的，对于一方是吉对于另一方则是凶。对于战争而言更是如此，敌凶我吉，敌吉则我凶，吉凶不是一成不变的，它可以随时互相转换，此时吉，彼时也许就会凶了，此时凶彼时或许就会化为吉。所以我们要学会科学辩证地看待这个问题。

千百年来，《周易》里涵盖的军事理论指导了无数英雄豪杰在谈笑风生中运筹帷幄决胜于千里之外，上文所选的《旅》卦只是周易六十四卦中的一卦，它里面蕴含的军事信息，不仅仅作用于过去战争年代用兵打仗，而且对后人研究兵法战略，也有积极深远的指导意义！

参考文献

[1] 周振甫. 周易译注[M]. 北京：中华书局，1991.

[2] 王显臣，许保林. 中国古代兵书杂谈[M]. 北京：解放军出版社，1985.

[3] 胡朴安. 吕绍纲导读周易古史观[M]. 上海：上海古籍出版社，2005.

[4] 叶福翔. 易玄虚研究[M]. 上海：上海古籍出版社，2005.

[5] 孙映逵，杨亦鸣. "六十四卦"中的人生哲理与谋略——易经对话录[M]. 北京：社会科学文献出版社，1998.

浅析包法利夫人的悲剧根源

【摘　要】《包法利夫人》是十九世纪中期法国杰出的现实主义小说家福楼拜的成名作和代表作之一。小说描述了女主人公爱玛（包法利夫人未嫁前的闺名）一生追求虚无缥缈的浪漫爱情生活，为情而生、为情而死的悲剧。本文从五个方面细致地分析了包法利夫人走向深渊、走向毁灭的悲剧根源，对我们解读和分析包法利夫人这一人物形象有着积极的作用。

【关键词】包法利夫人　悲剧　根源

从 1851 年 9 月 19 日起到 1856 年间，在卢昂近郊的克罗瓦塞别墅里，福楼拜花了四年零四个月的时间，每天工作十二个小时，正反两面的草稿写了一千八百页，最后定稿不到五百页，完成了一部引人注目的小说——《包法利夫人》，成为当今最负盛名的经典小说。被称为心理学家和解剖学家的福楼拜在该书中为世人塑造了光彩照人的文学形象，它以曾被公诸报端的欧解·德拉马尔及其续弦妻子为原型，描述了爱玛（包法利夫人未嫁前的闺名）因不满夫妻生活的平淡无奇而追求虚无缥缈的浪漫爱情，最后绝望服毒自杀的故事。作者在书中细致地描写了包法利夫人的毁灭过程，使作品具有巨大的揭露的力量。首先该书揭露了修道院教育和社会上流传的消极浪漫主义文学作品对她的毒害，正是这些消极有害的影响，给爱玛精神上造成了堕落的温床，而糜烂的贵族社会生活风气以及现实生活的平庸、丑恶、卑污又进一步使其走向堕落。作者揭露了资产阶级的精神堕落及其带来的可悲后果，进一步通过这个社会把爱玛推到绝境，最后把她吞噬掉的悲惨结局，深化了作品的揭露意义。这是一部源自真实生活素材的爱情悲剧却又远远超越爱情本身，它不仅具有真实冷酷超越时代的原型意义，而且成为法国从复辟王朝到七月王朝这一特定历史时期女性追求浪漫爱情而惨遭厄运的悲剧典型。本文从以下五个方面来分析包法利夫人悲剧产生的根源。

一、以于絮林修道院为代表的神秘不切实际的修道院教育

爱玛作为一名花季少女，本身就喜好幻想："她读过保尔和维吉妮，梦见过小小的竹房子，黑黑的多曼戈，忠实的小狗，尤其是一个好心的情意脉脉的小哥哥，为了给你摘红果子，可以爬上比钟楼还高的大树，为了给你找到鸟窝，可以光着脚在沙滩上跑。"[①]她本身是农民的女儿，了解农村生活，会挤牛奶，也会把犁擦得雪亮。然而，她的父亲卢欧老爹早已忘本，忘了祖上是羊倌，自己是地地道道的农民，亲戚朋友不是和泥巴打交道，就是贩夫走卒，却异想天开地把女儿送到修道院里专门培养贵族女子的寄宿学校学习，他觉得她这样有才气，怎么能种庄稼呢。为了让女儿有个好前程，为了自己未能实现的贵族理想在女儿身上实现，他把爱玛送到于絮林修道院接受贵族教育，让女儿学会那套贵族规矩和气派，说不定攀上贵族的女婿呢！爱玛是带着父母的希望到修道院学习的，在她心里从小就种下了仰慕贵族，攀附贵族，成为贵族的思想种子，而这些种子又是她的羡慕贵族的父母种下的。实际上，爱玛是不健康的时代风气的受害者。

爱玛在学校里享受着教室的温暖气氛，活在那些戴铜十字架念珠、面色苍白的修女中间，加以圣坛的芳香，圣水的鲜冽和蜡烛的光辉散发出一种神秘的魅力。这些大大刺激了这位天性不安分的少女的心：她不听弥撒，只死看书上天蓝框子的圣画；她爱害病的绵羊，利箭穿过的圣心或边走边倒在十字架上的可怜的耶稣。教士布道中间，往往说起的比

---

① 福楼拜. 包法利夫人[M]. 李健吾译. 南京：浙江文艺出版社，1992.

喻，类如未婚夫、丈夫、天上的情人和永久的婚姻，在爱玛的灵魂深处兜起意想不到的喜悦。更有浪漫主义的忧郁，回应大地和永生，随时随地、发出嘹亮的哭诉……修道院的生活并没有如通常那样使她感到压抑，相反，她以她的所好攫取了多愁善感的养料。宗教、教义、宗教仪式还有修女，为她组织了一个不真实的梦幻世界，她在此沉醉不醒，这是她浪漫的天性所致，也多少因为外省修道院的人性的气质。修女们待爱玛很友爱，忏悔时，神父缠绵的絮语，讲道中引用情人、婚姻的比喻……在这里，终因为远离中心而纲纪松懈，于是，修道院便充满温情，爱玛的感伤性格在这里得到丰富又褊狭的营养，她对生活的想象，即欢愉、激情、陶醉的概念，也在此完成。

修道院乃至整个社会并没有一套有益于女孩子的教育：诸如形成健全的人格，掌握有用的知识以及了悟人生真谛等。修道院的教育对爱玛的一生有着决定性的影响，这种教育极大地影响了她的人生观和爱情观，使她对爱情、婚姻都形成了一种固定的思维定式，她尽情地发挥自己的想象，构筑了自己关于爱情、婚姻、情人、家庭生活的理想，这一理想就像虚幻的梦境，紧紧地伴随着她走完人生的苦旅，最后导致了她的悲剧结局。

二、消极虚幻的浪漫主义文学

爱玛从浪漫小说中接受的东西铸就了她的人格和情感，她的主体是在阅读中获得的，"所有她诗化的情感，不是生成的、一个真正诗人的，是从书本中教育孕养起来，代替了她遗传的天性"。[①]修道院里的贵族教育，深深地刺激影响着爱玛的思想性格。在那里，每天除了学习宗教功课熟悉教理问答之外，她还读同学们偷带进来的精美画册，读宗教以及夏布里昂、拉马丁之流的作品，夏布里昂、拉马丁是一些消极浪漫主义作家，与以拜伦、雪莱为代表的积极浪漫主义有着质的区别，他们是没

---

① 李健吾. 福楼拜评传[M]. 长沙：湖南人民出版社，1980.

落贵族在文学上的代言人，作品反映的是对被法国大革命摧毁的旧制度的眷恋，对往昔繁华生活的无限向往。夏布里昂的《基督教真谛》向爱玛灌输的是幽会和私奔；拉马丁的《湖》教会她及时行乐……这些文学没有培养起爱玛对宗教的热情，相反激发了她对神秘事物的想象和一种病态的情绪，奇怪的是她不仅接触到夏布里昂、拉马丁的作品，也接触到巴尔扎克、司各特的作品，但却看不到后者的现实主义批判精神，她所感兴趣的是能予人享乐的东西，例如，她读司各特，往往醉心于白羽骑士与女庄园主的恋情，爱上古代的风物，梦中也看到了苏格兰乡村的衣柜，卫士的厅堂，她由着自己滑入拉马丁的蜿蜒的细流、谛听湖上的竖琴，天鹅死时的哀鸣、落叶的种种响声，升天的贞女和在溪谷布道的天父的声音。她爱海只爱海的惊涛骇浪，爱青草仅仅爱青草遍生于废墟之间，爱教堂为了教堂的花卉，爱音乐为了歌的词句，爱文学为了文学的热情刺激，她还接触了一个老姑娘，是大革命摧毁的一个世家的后裔，每月来修道院一星期做针线活，她会讲故事，说新闻，会唱古老的情歌甚至散播小说这种世俗读物，书上无非是恋爱、情男情女、在冷清的亭子里晕倒的落难命妇、站站遇害的驿夫、页页倒毙的马匹、阴暗的森林、心乱、立誓、呜咽、眼泪与吻、月下小艇、林中夜莺，公子勇敢如狮、温柔如羔羊、永远衣冠修整、哭起来泪如泉涌。爱玛深深地沉浸在这些书里，沉浸在对贵族爱情生活的向往和幻想中。她恨不得自己也住在一所古老的庄园，如同那些腰身细长的女庄主一样，整天在三叶白羽骑士，胯下一匹黑马从田野远处疾驰而来。有些同学，年节贺礼收到诗文并茂的画册，每首诗文底下，署名不是子爵就是伯爵，爱玛看着这些名字呆了……

　　这个农家女在修道院里受到的，就是这种与她的实际生活相差十万八千里的教育和影响。回到家，她的地位身份没有改变，仍是一个农家女；生活环境也没有改变，仍然在农舍、田野、厨房，可她的头脑，装满了对贵族生活和浪漫爱情的遐想，内心养成了一副喜刺激、爱激动、善动情、讲风雅的贵族脾气。这种实际的处境地位与思想意识性格情趣之间的巨大错位，能不导致其后的悲剧吗？

三、糜烂的贵族社会生活风气

"按照事物本来面目及其产生根源来理解事物，是马克思主义的基本原则，爱玛的悲剧有其深广的社会原因，她的悲剧是那个时代的悲剧"，① 来看看包法利夫人生活的时代及社会背景：这是复辟王朝后期与七月王朝统治时期，是法国历史上一个新旧力量激烈搏斗，社会大转变的时期，经过大革命打击的封建贵族们，在拿破仑失败后又杀了回来，企图恢复往日的生活方式，拿破仑时代的英雄主义风气又被奢靡、腐败、虚伪、矫饰的贵族之风所取代。七月革命推翻了复辟的波旁王朝，资产阶级君主立宪制在法国建立了起来，但王冠仍然戴在波旁王朝的旁系——奥尔良家族的路易·菲力蒲公爵头上。尽管日趋没落即将退出政治舞台的封建贵族在政治上和经济上大势已去，可他们在精神上的影响依然存在，整个社会对贵族的仰慕仍然不止。②

于是，很自然地，这种社会风气就为从小受到贵族式教育、把书本上公子命妇的浪漫爱情当现实的爱玛追求虚无浪漫的爱情幻影提供了最为肥沃的土壤和养分，成了她堕入幻想深渊的温床。机会终于来了，"快到九月底的时候，她的生活中出现了一件不寻常的事，那就是：安德威烈侯爵邀请她到沃比萨的候爵府上做客！

波旁王朝复辟时期，这位侯爵做过国务秘书，现在又想恢复政治生涯。很久以来，就在准备竞选众议员，冬天，他把大量木柴送人；在县议会，他总是慷慨陈词，要求为本地区多修道路。在夏天大热的日子里，他嘴上长了疮，包法利医生用柳叶刀尖一挑，奇迹般地使他化脓消肿了。派去托特送手术费的管家，当天晚上回来，说起他在医生的小花园里，看见了上等樱桃。沃比萨的樱桃一直长得不好，侯爵先生就向包法利讨了一些插条，他认为理应当面道谢，碰巧看见爱玛，发现她身材苗条，行起礼来不像乡下女人，觉得如果邀请这一对年轻夫妇到侯爵府来，既

---

① 马克思，恩格斯. 德意志意识形态[M]//马克思、恩格斯全集. 北京：人民出版社，1972.
② 刘武和. 女性的吉诃德——包法利夫人[J]. 云南教育学院学报，1999，15（4）.

不会有失体统。也不会惹出是非……①

就这样，神话在爱玛的眼睛里显形了，她在小说、画册和浪漫曲中得到的神话的摹本，这时候竟化为真实的场景。一切是真切的、活生生的：意大利风格的城堡，金碧辉煌的大厅，功名显赫的祖先的画像，放着枝形烛台和银餐具的餐桌，穿着丝袜、短裤，打着白色领结，衣服上镶了花边的神情庄重的膳食总管，四组舞，沙龙舞，穿红着绿的男宾女宾，暗中传递情书的绅士和贵妇……都令爱玛羡慕不已，特别是邀她跳回旋舞的子爵更是令她难以忘怀，这是爱玛一生中情有独钟却又可望不可及的梦中情人。还有，"爱玛的眼睛总是不由自主地望着这个耷拉着嘴唇的老头子（即拉韦杰老公爵），仿佛在看一个千载难逢、令人起敬的活宝一样。他到底在宫里待过，在王后床上睡过觉啊！"②总之，上流社会的奢侈的生活——鲜花环绕的城堡，缠绵悱恻的舞曲，讲究的餐厅，赌台上金路易的叮当声，青白的瓷器，灿烂的锦缎，漂亮的家具……每一个细枝末节都在她脑子里生了根，一切都让她开了眼，她终于身临其境，差不多介入了那幅神话般的图画中成为画中人，不是吗：她和那些尊贵高雅的命妇们共进了一次晚餐，一位子爵不是和她痛快淋漓地跳了一大场回旋舞，还有那么一小会儿妙不可言的对视？于是，没有理由不相信她原是有可能幸福的。并且，在回家的路上，爱玛还捡到了一个绣着纹徽的烟盒，它被爱玛认作是子爵的遗物，爱玛的可悲之处就在于此，她不明白子爵之类的王孙公子、贵族子弟是不可能出现在她的现实生活中的，他只是一种奢望而已。作为佃农女儿的她根本无法介入子爵那一类人的生活，正是子爵这样一个如水中月、镜中花、无比撩拨人心却无法触及的虚无缥缈的形象成了爱玛终生挥之不去、拂之不走，在人生的关键时刻总在她眼前晃动的完美的理想情人形象！可是，爱玛拿着那个烟盒就像是拿着一只水晶鞋，拿着一个证据，证明那个神奇的夜晚确曾发生过。不过，在这里水晶鞋不是在王子的手中而是在辛德瑞拉的手中，午夜十二点宵遁的不是辛德瑞拉而是王子，她虽然握着水晶鞋，可王子

---

① 福楼拜. 包法利夫人[M]. 李健吾译. 南京：浙江文艺出版社，1992.
② 福楼拜. 包法利夫人[M]（全译本）. 许渊冲译. 南京：译林出版社，1994.

却一去不返了，这就决定了事情将按照生活本身，而不是神话的轨迹发展了。

在经历了那个神奇的晚上之后，平常的日子就变得不可忍耐了，她悲叹自己命苦，那些公爵夫人腰身都比她粗，举动也比她俗，她只有怨恨上帝太不公道了！沃比萨之行在她的生活中留下了一个大洞，就像一夜的狂风暴雨，有时会造成山崩地裂一样，然而，她有什么办法呢？只好虔诚地把那晚穿过的漂亮的衣服放进五斗柜里，就连那双缎鞋给地板打的蜡磨黄了的鞋底，她也原封不动地保存起来。"她的心也一样：一经富贵熏染，再也不肯褪色。"①

四、平庸、丑恶、卑污的现实生活

纵观爱玛的生活环境，无论是娘家或夫家，从托特、荣镇到她的幽会之地卢昂，每一处都成了其生存环境中平庸、丑恶、卑污的现实因素。当她离开修道院，从神秘抒情的气氛的山巅滑落到平凡的人寰时，无边无际的黑暗便牢牢地罩住了她的生活，她只能嫁给一个结过婚的乡村医生，他的谈吐就像人行道一样平板，见解庸俗，如同来往行人一般，衣着寻常，激不起情绪，也激不起笑或者梦想。②为了让爱玛的精神病症早日治愈，他们一家迁居到了荣镇，"爱玛一进门道，就觉得冰冷的石灰，好像湿布一样，落在她的肩头，墙是新刷的，木头楼梯嘎吱直响。窗户没有挂窗帘，一道淡淡的白光射进二楼房间。她影影绰绰望见树梢，再往远去，还望见有一半没在雾里的草原，月光皎洁，雾顺着河道冒气。房间里面，横七竖八，随地放着五斗柜的抽屉、瓶子、账杆、镀金小棒，椅子上搁着褥垫，地板上搁着脸盆——搬家具的两个男人，漫不经心，信手扔了一地。"③再来看看餐桌上的情况"特别是用饭时间，她最受不了：楼下这间小厅房，壁炉冒烟，门吱嘎响，墙上渗水，石板地潮湿。

---

① 福楼拜. 包法利夫人[M]. 李健吾译. 杭州：浙江文艺出版社，1992.
② 福楼拜. 包法利夫人[M]. 李健吾译. 杭州：江苏文艺出版社，1992.
③ 福楼拜. 包法利夫人[M]（全译本）. 许渊冲译. 南京：译林出版社，1994.

她觉得人生的辛酸统统盛在她的盆子里，肉香从她的灵魂深处，仿佛勾起别的恶浊的气味。查理吃饭吃得特别慢，她不是嘎叭一咬榛子，就是支起胳膊肘，用尖刀在油布上划小道道。"① 每天早晨一醒来，她就希望机遇当天会来，细听种种声音，一骨碌跳下床，纳闷怎么还不见来。于是夕阳西下，还是愁上加愁，恨不得已经身处明天。

沃比萨侯爵府的热闹豪华，自己家的寒酸寂寞，对梦中巴黎的向往和荣镇生活的平庸无聊使她在灵魂深处一直期望意外发生，好像沉了船的水手，睁大一双绝望的眼睛仍在遥遥寻找白帆的踪影。

再来看看在外省这种闭塞的环境中，她的生活圈子里有些什么人：有满嘴"进步""科学"，实际上不学无术，却怀着政治野心，欺世盗名的药店老板奥默，他自私自利，虚伪阴险，沽名钓誉，见利忘义，然而却左右逢源，事事如意，终于如愿以偿得到了他梦寐以求的十字荣誉勋章；有自誉为"医治人类灵魂的医生"，实际上对人的感情一窍不通、浅薄可笑的本堂神甫布尼贤，当爱玛十分苦闷，万般无奈之际求助给了她启蒙教育的教会时，作为人的精神医生，心灵导师的教士布尼贤，却没有了解人的内心世界的习惯，当爱玛说自己难受时，教士马上附和道："可不，我也是。天一热，人就四肢无力，你说对不对？不过你要怎么着？圣保罗说得好，我们生下来就是为了受罪。倒是包法利先生，他不给你开方子配点药吗？"这位痴愚的牧师简单地把爱玛心灵的痛苦理解为气候、身体原因，几句木呆呆的问候，死死地封闭了求医者的心灵窗户，不但没有给予爱玛精神的指导，反而加重了她的烦恼。从此以后，抑郁寡欢的爱玛只好寄希望于奇遇，希望发生刺激性的事情来调剂一下让人闷得透不过气的生活；有道貌岸然、彬彬有礼，却满肚子男盗女娼，饱肥私囊的公证人吉约曼，他穿着"公证"的外衣，干着伤天害理的勾当。他还与奸商勒乐暗中勾结，对爱玛不仅进行经济上的敲诈，而且乘人之危，企图从肉体上占有她；有唯利是图、奸诈狡猾、重利盘剥、置人于死地的奸商兼高利贷者勒乐，书上是这样描写他的："他生在斯康尼，长在诺曼底。因此既象南方人一样爱说话，又象北方人一样有心眼。他浮

---

① 福楼拜. 包法利夫人[M]. 李健吾译. 杭州：浙江文艺出版社，1992.

肿的脸上没有胡须，象是涂了淡淡的甘草汁，而他的白发使得他黑色的小眼睛射出看得透人的光芒显得更加敏锐。没有人知道他的底细：有人说他过去是个货郎，有人说他在鲁托开过钱铺。可以肯定的是，他头脑复杂，善于算计，就连比内也怕他几分。他客气到了卑躬屈膝的地步，老是半弯着腰，不知道他是在打招呼，还是有求于人。"①他在爱玛贫困潦倒时，不但见死不救，而且还想从死人骨头里榨油，他丧失了人性，满身散发着铜臭味。

有灵魂肮脏，腐化堕落，随心所欲玩弄女性，纵情声色犬马的地主罗多夫，这是一个伪君子，一个风月老手，他一眼就看穿了包法利夫妻间的一切，利用爱玛迫不及待的渴望，毫不费力地勾引了爱玛，还在给她的情书上用鹅毛笔蘸着清水洒上点点"泪痕"。不久，他就厌倦了爱玛，他觉得爱玛和所有的情妇一样，新鲜的魅力和衣服一同脱掉之后，剩下的只是赤裸裸的、单调的热情，没有变化的外形语言。而她竟不知趣地提出要与之私奔。要他抛弃自己的家业，抛弃自己的安逸——"为一个生性乖戾的美妇人！哼，哼。一样是消遣，还是打猎好些。"为了躲避爱玛，他趁着夜色驾车扬长而去，这位情场老手无情地抛弃了她，爱玛受到这意外的打击，晕过去了，"她躺着动也不动，两道眼泪慢慢的流到枕头上"。很久以后他们重新见面时，爱玛因负债累累前来借钱，最初，罗多夫像骑士一样跪在地上，热情地吻她的手，但他一听爱玛提到钱的事，马上从地上站起来，冷酷地答道："亲爱的夫人，我没有钱。"爱玛长达两年的最香甜、最绮丽的梦幻，就这样被淹没在无情的自私盘算之中。

还有莱昂，这是个胆小、庸俗，只顾自己享乐的资产阶级小人物形象，一个没多大出息的小公务员，他在巴黎吃不开，但在卢昂，对付一个乡村医生的妻子，他那点在女工堆里混出来的风流，还够用。他前怕狼，后怕虎，遇事不敢承担责任，而且非常虚伪："爱玛问他要诗，一首为她写出来的诗，一首献给她的诗；第二行韵脚，他搜遍枯肠，也配对不出，结果就从纪念册上抄一首十四行诗交卷。"连爱玛都感觉到："他

---

① 许渊冲译《包法利夫人》，译林出版社，1997年版。

没有英雄气概,软弱、庸俗、不及女人有力,而且吝啬,又胆小如鼠。"①在一番缱绻缠绵之后,"她觉得乏味,正如他感到厌倦一样。"他确实是个自私自利的小人,当面临升迁机会时,马上告诫自己:是该严肃的时候了,不能为女人误了自己的前途!于是乎他也溜之大吉。

罗多夫和莱昂都只把爱玛当作玩弄的对象,他们老谋深算,精细地权衡过各种利弊。因此,当他们发现在她身上再也榨取不出什么来的时候,就毫不留情地把她甩掉,表现得十分残忍。她被逼到悬崖的边缘,情人就暴露出最无情的本性。这两个人都是无赖,而且是无情无义的无赖!爱玛为他们俩自杀了,他俩如何呢?"罗多夫整天在树林里打猎消遣,安安逸逸,睡在他的庄园里,莱昂在那边,也睡着了。"而爱玛,她的热恋则是非常真诚单纯的,对于这样一个以痴心赴爱河的女人来说,一次离散就是一次打击、一次失望,更何况她钟情的对象一个是情场老手,一个是虚伪小人,并不是像安娜·卡列尼娜那样得到一个人品出众的渥伦斯基似的爱人,在带有激性的恋情中,她体会到的除和婚姻一样的平庸乏味外,更多的是无情无义,这无疑是对这个渴望浪漫爱情的女人的最可怕的打击!当然,她也曾一度清醒,珍惜起属于她那个阶层的质朴的感情,把"设想成为另一种样子"的希望转移到日常生活里来,可惜,日常生活又一次欺骗了她,那就是包法利医生在药剂师的怂恿下不自量力、异想天开地为马厩伙计伊波利特的矫形足手术,最后以惨败告终。包法利医生注定不可能创造奇迹,平常日子也注定无法摆脱庸俗、愚昧、无聊,使爱玛彻底放弃了改过自新,又义无反顾地投入情人的怀抱……为了理想的爱而生存的爱玛堕落了,但并不快乐,丈夫和两个情人耗尽了她的热情和生气,加上手持金钱大棒的高利贷者勒乐从背后狠命的一击,还有公证人的趁火打劫,她只有颓然地倒下,死亡才是她最好的解脱!

五、婚后无所事事的家居日子

包法利夫人的时代已经进入了工业资本主义时代,法国从16世纪产

---

① 福楼拜. 包法利夫人[M]. 李健吾译. 杭州:浙江文艺出版社,1992.

生资本主义以后,1789年大革命又诀别了"旧制度",到包法利夫人的生活期间,资本主义秩序已进一步建立,工业也开始起飞了。尽管如此,妇女还是被牢牢地拴在家庭之中,包法利夫人同样也没有走向社会的机会。她没有条件出去工作,经济不能自主,只能依赖丈夫。①婚后的她不必下田劳作,不必亲自下厨房,操持家务,她的丈夫每天风里来,雨里去,骑着马四处奔波,为她创造了一个免受风吹雨打之苦、筋疲力尽之劳、无需亲自哺育喂养孩子、无需为柴米油盐而担忧、不事劳作、终日无所事事、过着衣来伸手饭来张口的生活条件,她才可以"在皎洁的月光下,一面叹息,一面吟咏情诗",才有条件常常在下午独自一人时"反复问自己:我的上帝!我为什么结婚?她问自己,她有没有方法,在其他巧合的机会,邂逅另外一个男子。她试着想象那些可能发生的事情、那种不同的生活、那个她不相识的丈夫。人人一定不如他,他想必聪明、漂亮、英俊、夺目,不用说,就象他们一样,她那些修道院的老同学嫁的那些人一样。她们如今干什么?住在城里,市声喧杂,剧场一片声响,舞会灯火辉煌。她们过着心旷神怡的生活。可是她呀,生活好似朝北的阁楼那样冷,而烦闷就象默不作声的蜘蛛,在暗地结网,爬过她心中的每一个角落"。②

对爱玛而言,婚后平静寂寞的日子和她少女时代的梦想相差甚远,在这以前,"爱情仿佛象一只玫瑰色羽毛的巨鸟,在诗的灿烂的天空翱翔;可是她现在也不能想象,这种安静的生活就是她早先梦想的幸福"。③于是,她向往和渴望"月光下的叹息、长久的拥抱、流在伸出来的手上的眼泪、肉体的种种不安和情意的种种缠绵"。④在这些理想化的想象之下,细水长流的家居日子就显得分外平淡无聊,以致于她认为是个错误,所以"她不快乐,也从来没有快乐过"。即使在与情人一起陶醉于柔情蜜意的期间,她也有说不清的痛苦,"他们的谈话越来越和爱情无关",于是,

---

① 刘绍智. 潘金莲与包法利夫人[J]. 西北第二民族学院学报(哲学社会科学版), 1994(1).
② 福楼拜. 包法利夫人[M]. 李健吾译. 杭州: 浙江文艺出版社, 1992.
③ 福楼拜. 包法利夫人[M]. 李健吾译. 杭州: 浙江文艺出版社, 1992.
④ 福楼拜. 包法利夫人[M]. 李健吾译. 杭州: 浙江文艺出版社, 1992.

她便用"花、诗、月亮、星星"进行填充,想把衰退的热情重新弄旺,可无边的风月毫无惊人之处,一切都令她扫兴,令她失望和痛苦!正如包法利先生不明白爱情婚姻需要时时补充养分注入新鲜血液一样,爱玛不明白的真正的爱情需要相爱的男女双方心心相映,相互付出!事实上她所经历的所谓爱情只有她一个人付出,那些所谓的情人没有一个付出真情来回报她,她的悲哀就在于此!

抽象地说,包法利夫人的痛苦、幻想、寂寞以及过了头的浪漫均源自她整天闲着无所事事!包法利老太太曾给她儿子开过一个医治爱玛的药方:"你知道怎样对付你的女人?""那就是逼她去做事,用两只手干活!要是她象别人一样,不得不挣钱过日子,她就不会无所事事,胡思乱想,晕头转向了。"假如她一直呆在父母身边,帮着料理料理家务,管理一下仆人,照看一下田庄,然后嫁个庄户人家,生孩子,做母亲,像普通的农妇那样日出下田,日落方息,劳作已经把她弄得精疲力竭,什么哀怨、忧伤、想入非非早被饥饿和疲劳给挤光了!哪里还会为不着边际而又虚幻缥缈的所谓爱情去生去死呢?问题的关键在于她的丈夫包法利医生虽然呆滞迟钝、不解儿女风情,可他脚踏实地的工作着奔波着为爱玛提供了不受日晒雨淋挨冻受饿的物质环境,让其可以终日闲着无所事事,在温饱之后有充裕的时间、条件和心境来反感和厌烦这平静安稳的日子,来想入非非地寻求理想完美的情人,然而又一次再次地被冷酷无情的情人所背弃,最终她迷失了自我,迷失了生活的方向,走上了毁灭的不归路!

综上所述,爱玛的一生,经历了蜕变、堕落、毁灭三个阶段,她追求幸福和美满爱情的愿望是无可厚非的,错就错在她脱离了实际,忽视了自身的条件,盲目追求对于她来说永远也不能实现的虚幻的贵族生活和子爵似的情人!她的悲剧可以说除了自身的原因之外,从根本上讲,是由上述几种因素糅合而成的一股邪恶势力,把她一步一步引入堕落的歧途,最终推向毁灭的深渊!

"有我之境"与"无我之境"的印度佛学思想

【摘　要】在对王国维"有我之境""无我之境"的研究中，学界出现了百家争鸣的万千气象，但鲜有从印度佛学这一层面和背境着眼，去揭示其内在的佛学意蕴。王国维从叔本华那儿顺向式继承了佛教思想（主要是《奥义书》①），其理论和作品有相当一部分均闪烁着佛学的灵光。其中，《人间词话》"有我""无我"的观点承袭了印度佛教中"小我""大我"的表征和内涵，"天人合一"之论亦与印度佛教中的"梵我一如"相契合。不难看出，作者倡导的是将自己的般若智慧之心性和生命体悟灌注到万物中，朗现佛性的光辉，达到圆融澄澈的万物和谐。

【关键词】有我之境　无我之境　《奥义书》　小我　大我

一、"有我之境""无我之境"研究观点的梳理

关于《人间词话》中"有我之境"与"无我之境"的解读阐释，学术上争论颇多，有学者统计过，至 2005 年 11 月止，学术观点就达十九

---

① 《奥义书》即邬波尼沙昙（Upanishads）又译作优婆尼沙昙。是公元前七至五世纪成书的婆罗门教的古老哲学经典之一，吠经经典的最后一部分。这套书约有二百种，为印度哲学和宗教思想的根源。

种之多[①]由于研究者的侧重有所不同，结果亦是见仁见智。近年来，随着研究的深入，又有几种新观点加入学术争鸣，如：清华大学哲学系肖鹰教授提出的"有我""无我"是自然与理想，继承了席勒人本主义诗学的宗旨；湖南师范大学詹志和教授的"无我之境"即"禅境"；云南大学蒋永青教授提出的"有我"与"无我"是超越"超验与经验"二元对立的"超主客对立"境界等，这些观点的提出，不断地丰富和壮大着《人间词话》的研究体系，对把握"有我"与"无我"及王国维学术理论有着十分重要的意义。

历年来，学界对"有我"与"无我"的观点不断出新，经梳理，统计如下：

从表中可看出，从2005年11月至今，新增至少四个新的观点。近6年来，学界对"有我"与"无我"的研究，无论是在深度还是广度上，都得到了更进一步的充实完善。但从中也不难发现，上述学术争鸣中，尚无从印度佛学的视角来对之进行解读阐释的声音，而印度佛学对王国维创作的影响是相当深刻的，无论是《红楼梦评论》还是《人间词话》以及其他作品，无不充满浓浓的佛学气息，闪烁着佛性的灵光。本文则尝试从这一角度切入，把人间词话中的"有我之境"与"无我之境" 与印度佛学的"小我""大我"纳入同一平台加以探讨，以加深对王国维诗学观及其融汇中西的学术智慧的理解和沟通。

二、"有我""无我"与印度佛学中的"大我""小我"

王国维的佛学思想，可以看作是二手佛学思想，主要源于叔本华，他从叔本华那儿顺向式地承袭了印度佛教的诸多观念。他曾在"自序"中写道："留东京四五月而病作，遂以是夏归国。自是以后，遂为独学之时代矣。体素羸弱，性复忧郁，人生之问题，日往复于吾前。自是始决

---

① 寇鹏程．历来关于王国维"有我""无我"之境的研究[J]．内江师院学报，2006，21（3）：73-77．

历年"有我""无我"研究观点统计表

类型	代表人物	主要观点	时间	出处
1	朱光潜	"有我"乃是"无我","无我"才是"有我"	20世纪30年代	《诗论》
2	张文勋、吴奔星、孟宪明	"有我""无我"是唯心还是唯物的争论	1964 1963 1985	《从人间词话看王国维的美学思想实质》 《王国维的美学思想——"境界"论》
3	聂振斌、顾随、饶宗颐、吴奔星、季羡林、蒋孔阳、朱立元、刘锋杰、章池、潘运告	不可能真的"无我","有我""无我"的区别只是"我"的隐和显	20世纪40年代 1953 1963 1996	《〈人间词话〉评议》 《王国维的美学思想——境界论》 《文学评论》 《美学原理》 《人间词话百年解评》 《美的神游：从老子到王国维》
4	陈望衡、童庆炳、蒋孔阳、朱立元	"有我""无我"是意境的两种形式，审美的两种范畴	2001 1998 1999	《20世纪中国美学》 《文学理论教程修订版》 《美学原理》
5	刘巨、黄保真	"无我之境"就是纯粹美	1987	《王国维"境界"说的内涵及层次》
6	叶嘉莹、佛维	"有我""无我"是与外物有利害关系和无利害关系的境界	1982 1999	《王国维及其文学批评》 《王国维诗学研究》

续表

类型	代表人物	主要观点	时间	出处
7	叶朗	"有我""无我"之说本身就是矛盾的	2005	《中国美学史大纲》
8	王文生	"无我之境"根本不是美学范畴而是哲学范畴	2005年	《王国维的'无我之境'与支略特的'无个性文学'》
9	吴奔星、周振甫	"有我"是抒情诗,"无我"是山水诗	1963 1986	《王国维的美学思想——境界论〈〈人间词话·新注〉》
10	聂振斌	"有我""无我"相当于浪漫主义和现实主义	1986	《王国维文学思想述评》
11	王文生	"有我""无我"作为两种审美范畴,没有谁高谁低之分	1982	《王国维文学思想初探》
12	王振铎	"无我"的例证完全是摘句论诗"的错误所致	1982	《论王国维的"境界说"》
13	姚一苇	"有我"与"无我"就是酒神艺术与"阿波罗艺术"	1987	《艺术的奥秘》
14	蔡报文先生	"有我""无我"即"儒学"之境,"与""庄学之境"	1994	《"有我之境"与"无我之境"——兼与叶朗先生商榷》
15	周祖谦	"有我""无我"即富含现实意义与超越现实意义	1998	《王国维"有我之境"美学特征辨析》

续表

类型	代表人物	主要观点	时间	出处
16	吴调公 萧遥天	"有我""无我"是作家情感的主动与被动,是主观的与客观的	1997 1981	《语文小论》转引自叶嘉莹:《王国维及其文学批评》《关于古代文论中的意境问题》
17	张法	"有我"就是有个性	2000	《中国美学史》
18	陈良运	"无我"就是"道"的境界是审美的境界	2010	《中国历代词论著选》
19	孙维城	"无我"并非叔本华的静观	1993	《对王国维"隔"与"不隔"的美学认识》
20	肖鹰	"有我""无我"是自然与理想,继承了席勒人本主义诗学的宗旨。	2008	自然与理想,叔本华还是席勒——王国维境界说思想探源
21	凌晨	"有我之境"和"无我之境"不同的构成境界中彰显了人本主义的审美价值基准和理想	2009	"有我"与"无我"之辨
22	詹志和	"无我之境"即"禅境"	2008	王国维"境界说"的佛学阐释
23	蒋永青	"有我""无我"是超越"超验与经验"二元对立的"超主客对立"的境界	2010	王国维境界说的"超二元对立"探索方案

从事于哲学……始读汗德之《纯理批评》,至《先天分析论》,几全不可解,更辍而不读。而读叔本华之《意志及表象之世界》一书。叔氏之书,思精而笔锐,是岁前后读二过,次及于其《充足理由之原则论》、《自然中之意志论》……"①来看叔本华的佛学渊源:与十九世纪许多西方哲学家热衷于东方宗教一样,叔本华从康德、柏拉图的研究中转向,改为研究印度佛教,以宗教为突破口,打通东西方学术文化的障碍,实现了东西学术的交汇。叔本华的书斋里总是悬挂着康德和佛陀的画像,他称自己的哲学思想主要来源于三个方面:柏拉图、康德和《奥义书》。②《奥义书》,即邬波尼沙昙(Upanishads),又译作优婆尼沙昙,是公元前七至五世纪成书的婆罗门教的古老哲学经典之一,吠陀经典的最后一部分。这套书约有二百种,为印度哲学和宗教思想的根源。③无论是叔本华的哲学起点(本体论、宇宙论)还是他的哲学归宿(放弃意欲,归于涅)都深深地打印着《奥义书》的痕迹。可以说,《奥义书》的影响,是他最终定型的世界观的、比柏拉图主义和康德学说更为重要的思想来源。④难怪叔本华这样说过:"对邬波尼沙昙的研究是我生活的慰藉,并且至死都是我的慰藉。"⑤由此,王国维在顺向继承叔氏思想的过程中带有印度佛教的痕迹,无疑是很自然的了。

在我国,习惯上把大自然或者宇宙称之为"天",而在《奥义书》中则称之为"梵"(brahman)。中国的"人",《奥义书》称之为"我"(Atman,阿特曼)。总起来看,中国讲"天人",印度讲"梵我",意思基本上是一样的。宇宙梵是大我;阿特曼,我是小我。⑥《奥义书》中论述梵我关系

---

① 王国维撰:《静庵文集·王国维遗书·三》,上海书店出版社 1983年版,第 609-610 页。
② 《作为意志和表象的世界》,商务印书馆,1982年版,第 5-6 页。
③ 赵伟民,蔡函甫:《〈奥义书〉对叔本华哲学的影响》,《中国文化研究 1996 年冬之卷》,第 120 页,总第 14 期。
④ 赵伟民,蔡函甫:《〈奥义书〉对叔本华哲学的影响》,《中国文化研究 1996 年冬之卷》,第 120 页,总第 14 期。
⑤ 拉德哈克里什南:《印度哲学》第二卷,第 573 页,莫斯科,1956—1957。
⑥ 季羡林:《禅和文化与文学》,商务印书馆,1998 年 8 月北京第一版,第 141 页。

常使用一个词儿"Brahmātmaikyam",意思是"梵我一如"。吠檀多派大师商羯罗(Sankara,约公元788—820),张扬不二一元论(Advaita)。《奥义书》那里,梵是绝对的存在,宇宙万有(自然)的根源。我,梵不是一种无知觉无意识的存在,它既有幻现宇宙的全能,又有遍观一切的全知。全知叫做我,我又分为二:遍我和命我,遍我是宏观上的我,与梵同一同体,命我是微观上的我,是众生肉体内的灵魂和承受轮回转生的主体。因此,在绝对意义上说,梵我同体,绝对唯一;在相对意义上说,梵我分工,梵表现为客观世界的本原,我表现为主观世界的本原。①把梵区分为二:有形的梵和无形的梵。有形的梵指的是现象界或者众多的我(小我),无形的梵指宇宙本体最高的我(大我)。有形的梵是不真实的,而无形的梵才是真实的。所谓"不二一元论"就是说:真正实在的唯有最高本体梵。而作为现象界的小我在本质就是梵,二者本来是同一个东西②。我们把《人间词话》与《奥义书》的几个概念放在一起加以直观比较,就能很清晰地看到二者之间的相似之处:

人间词话		奥义书	
有我	具体	小我	有形
无我	空无	大我	无形
天人合一	理想境界	梵我一如	理想境界

如此审视"有我"与"无我",许多问题即可迎刃而解,譬如一些学者对王国维把"采菊东篱下,悠然见南山"判定为"无我之境"的质疑。如季羡林先生,他曾说过:

> 境界二字来自佛典翻译,这是大家都承认的事实。人间词话的基本思想是受了本文一些哲学家学说的影响,恐怕也是一个事实。静安先生对自己的境界说是颇为得意的。他写道:"然

---

① 巫白慧:《印度哲学——吠陀经探义和奥义书解析》,东方出版社,2000年12月第一版,第229页。
② 姚卫群:《吠檀多派哲学的梵我关系理论》,《南亚研究》,1992年第三期,第37-44页。

沧浪所谓兴趣，阮亭所谓神韵，犹不过道其真原则上，不若鄙人拈出境界二字为探其本也。"对于静安先生境界说本身，我不敢赘一词。但是对于有我之境和无我之境，我却有一点疑问，一个小小的夫伤大文雅的疑问。王先生说："'泪眼问花花不语，乱红飞过秋千去'，'可堪孤馆闭春寒，杜鹃声里斜阳暮'，有我之境也。'采菊东篱下，悠然见南山'，'寒波澹澹起，白鸟悠悠下'，无我之境也。有我之境，以我观物，故物皆着我之色彩。无我之境，以物观物，故不知何者为我，何者为物。"所举的例子中，别的我且不说，只说陶渊明的两句诗："采菊东篱下，悠然见南山"王先生把它列入无我之境。我认为，实际上是有我的，汉文可以不打主语，如译为英、德、法等文。主语必赫然有一个"我"字（I，ich，je），既然有个"我"字在，怎么能说是"无我"呢？我觉得，在这里不是"无我"，而是"忘我"，不是"以物观物"，而仍然是"以我观物"，不过在一瞬间忘记了我而已。①

此处，季先生质疑王国维界定"采菊东篱下，悠然见南山"呈现的是"无我"之境，倘若理解为无形而真实的"大我"就不会出现这样的疑问了。在"大我"境界里，没有审美主体的直接参与，在那个时刻里，纯粹的物我两忘。这正与《蒙查揭奥义书》所说的梵一致：恒常、遍入、遍在、微妙极。

三、"有我""无我""大我""小我"的瞬时特征与互存共生

其实，无论是"有我""无我"都有"我"，区别在于呈现的是"小我"或"大我"而已。两者并非静止固定而是不断处于运动变化中。印度佛教有首《有无歌》，形象地说明了这个问题："无既非有，有亦非无

---

① 季羡林：《禅和文化与文学》，商务印书馆，1998年8月北京第一版，第77页。

有；无空气界，无远天界。何物隐藏，藏于何处？谁保护之，深广大水？"（《梨俱吠陀》第129页）其中，"小我"观念的范围扩大，大到与时间及空间等量齐观，使"小我"融入于整个的宇宙之中，与宇宙合一，向内心看时，无限深远，向外界看时，无限广大。既然已与宇宙合而为一，自己的身心世界便不存在了，存在的是无限深远及无限广大的宇宙。自己不仅是宇宙的一小部分，乃即是宇宙的全体。如此，就到达"大我"的空间、"大我之境"。"有我""无我"，"小我""大我"之悟，引入诗学后作为一种感性与知性混合的体验具有短暂性而非长久性的瞬时特征。这种体验不能长期地停留，它不是永恒不变，纯净如一的，"无"不是永恒为"无"，只是一个居前的，或先行的"无"，"有"也不是永恒为"有"，"无"中生"有"，"有"中变"无"，就在一刹那间对认识的主体产生作用，短暂而美好。

印度佛教中，"有我""无我"，"小我""大我"相互之间可以互存共生，"小我"中见"大我"，"大我"中有"小我"。来看《奥义书·歌者奥义》中是怎样描述"有"与"无"的关系的："太初之时，此界为有，唯一无二。亦有人云，太初之际，此界为无，唯一无二，从无生有"。因此，我们可断定，同一首诗或词中，不可能单独呈现"有我"或"无我"，（即"小我"或"大我"）依此观点，再来解读陶渊明的《饮酒》：

> 结庐在人境，而无车马喧。
> 问君何能尔，心远地自偏。
> 采菊东篱下，悠然见南山。
> 山气日夕佳，飞鸟相与还。
> 此中有真意，欲辩已忘言。

对于此诗，学界一直热衷于对"采菊东篱下，悠然见南山"一句的界定研究，而对于前两句，"结庐在人境，而无车马喧。问君何能尔，心远地自偏。"则问津者寡矣。从"大我""小我"之观来视之，毫无疑问属"小我"，即"有我"之境。《奥义书》中认为，对自然现象的描述，只是一种认识的表象，产生于认识的自我主体，强调的是作为现象界的自我主体的作用。"唯然，有如是见，如是思，发是知者，（彼）生命出乎"自我",希望出乎"自我",记忆出乎"自我",空出乎"自我",光焰出乎"自我",食出乎"自我",凡此万事万物,皆出乎"自我"也①,后两句"采菊东篱下,悠然见南山。山气日夕佳,飞鸟相与还"属"无"之境,即大我。"小我"与"大我","有我"与"无我"相存共生在一首诗里,为进一步研究提供了鲜活的样本范式。

再来看元好问的《颖亭留别》:

> 故人重分携,临流驻归驾。
> 乾坤展清眺,万景若相借。
> 北风三日雪,太素秉元化。
> 九山郁峥嵘,了不受陵跨。
> 寒波澹澹起,白鸟悠悠下。
> 怀归人自急,物态本闲暇。
> 壶觞负吟啸,尘土足悲咤。
> 回首亭中人,平林淡如画。

其中,"寒波澹澹起,白鸟悠悠下"之意大致是:寒冷的河水波浪荡漾,白色的飞鸟悠然落下。学者包括视之为"无我"之境,此处,我认为是"有我"与"无我"的交融,包含了"大我"的和谐与"小我"的影子,即"有我"与"无我""大我""小我"的互存共生。从整个意境看来,确实展现了物我两忘的和谐一致,而倘若细细品味,则不难发现,"寒波"的"寒"字,"悠悠下"的"悠"字,均体现了认识主体的主观心理感受。除此之外,"怀归人自急,物态本闲暇。壶觞负吟啸,尘土足悲咤。回首亭中人,平林淡如画。"意为思归的人儿归心似箭,自然景物却如此从容。对酒当高歌,长途跋涉足以令人悲伤感叹。回望亭中送别的友人,看到平展的树林疏淡如画。即"小我",其中的"急""闲暇""吟啸""悲咤""回首"等动词,均生动形象地体现了认识主体的心理活动,是自然界的自在之物与人类主体相互作用的结果,亦属"有我"之境,

---

① 徐梵澄译,《五十奥义书》,中国社会科学出版社,1984年第一版,第233页。

即"小我"。纵观全诗,有我与无我互存共生,最终走向统一。

王国维的《人间词话》,印度佛学的影子随处可见。可以说,印度佛学不仅影响了他的诗学观,对他的哲学观以及人生观都有着相当程度的影响。值得一提的是,王国维《人间词话》的"有我之境"与"无我之境"的思想资源,虽然主要源于印度佛学,它的统摄作用是毋庸置疑的,但印度佛学并不是唯一,不能忽视本土文化和西方哲学背境所起的建构作用。只有诸多思想住于作者体内,既相互渗透和谐包容又矛盾冲突,才形成了异彩纷呈、独树一帜的王国维学术观。从印度佛学的层面和背境来对之加以解读,只是为了走一条更贴近作者心意的途径而已!